As Leis *do* Amor

Crie o relacionamento dos seus sonhos

CARO LEITOR,
Queremos saber sua opinião sobre nossos livros.
Após a leitura, curta-nos no facebook/editoragentebr,
siga-nos no Twitter @EditoraGente e visite-nos no site www.editoragente.com.br.
Cadastre-se e contribua com sugestões, críticas ou elogios.
Boa leitura!

CHRIS PRENTISS

Tradução: Cristina Sant'Anna

As Leis do Amor

Crie o relacionamento dos seus sonhos

Gente editora

GERENTE EDITORIAL
Alessandra J. Gelman Ruiz

EDITORA DE PRODUÇÃO EDITORIAL
Rosângela de Araujo Pinheiro Barbosa

CONTROLE DE PRODUÇÃO
Fábio Esteves

TRADUÇÃO
Cristina Sant'Anna

PREPARAÇÃO DE TEXTO
Geisa Mathias de Oliveira

PROJETO GRÁFICO E DIAGRAMAÇÃO
Karina Groschitz

REVISÃO
Salete Milanesi Brentan

CAPA
Karina Groschitz

IMPRESSÃO
Assahí Gráfica

Rua Pedro Soares de Almeida, 114
São Paulo, SP – CEP 05029-030
Tel: (11) 3670-2500
Site: http://www.editoragente.com.br
E-mail: gente@editoragente.com.br

Dados Internacionais de Catalogação na Publicação (CIP)
(Câmara Brasileira do Livro, SP, Brasil)

Prentiss, Chris
As leis do amor : crie o relacionamento dos seus sonhos / Chris Prentiss ; tradução Cristina Sant'Anna. -- São Paulo : Editora Gente, 2013.

ISBN 978-85-7312-829-1

1. Amor 2. Compromisso (Psicologia) 3. Felicidade 4. Qualidade do relacionamento 5. Relações interpessoais I. Título.

13-00769 CDD-158.2

Índices para catálogo sistemático:

1. Relacionamento amoroso : Relações interpessoais : Psicologia aplicada 158.2

Para você que busca o relacionamento perfeito, aquele que amadurece, aprofunda e expande, transformando-se mais e mais em tudo o que você sempre esperou, desejou e lutou para conquistar – é possível ser acolhido e querido por quem você ama nesta duradoura jornada, juntos pelo caminho que vocês escolheram nesta vida.

Agradecimentos

Minha especial gratidão à minha esposa, Lyn:

Você é meu tesouro imensurável, uma manifestação sempre presente de como um relacionamento pode ser maravilhoso, quando vivido em sintonia com as Leis do Amor.

Aos leitores de As leis do amor:

Faz agora onze anos que vivo com meu marido, Chris, e gostaria que vocês soubessem que esses têm sido os anos mais felizes da minha vida.
Lyn Prentiss

*****

Faço um agradecimento especial a Nigel J. Yorwerth e Patricia Spadaro, da PublishingCoaches.com. Apreciei muito a criatividade, o cuidado, paciência e persistência em me ajudar a desenvolver, formatar, editar, publicar e promover este trabalho. Sua *expertise* e apoio sincero foram de grande valia. Agradeço também a Nigel, pelo esforço inabalável para divulgar o trabalho, conquistando excelente distribuição e negociando os direitos dos meus livros com os melhores editores internacionais.
Gostaria ainda de agradecer a Carl Hartman, que me apresentou o brilhante conceito de Espaço Seguro, no final da década de 1980.

Sumário

Nota do autor

Ao longo de todo o livro, referi-me ao relacionamento com seu companheiro ou parceiro na terceira pessoa do gênero masculino para evitar repetição das mesmas palavras. Por isso, quando ler frases, como "Então, você deve passar a viver com ele", entenda, conforme o caso: "Então, você deve passar a viver com ele ou ela".

Existem muitas palavras para descrever a pessoa com quem você mantém um relacionamento. Por isso, insisto que, para facilitar a leitura e a variedade de expressões, alternei parceiro, companheiro, amado, querido e outras indicativas de quem você ama e quer construir um relacionamento ideal. Caso não considere essa pessoa seu cônjuge ou amado, por favor, leia a palavra como "parceiro" ou outro termo que seja aplicável à situação pessoal e específica.

Trecho de um poema escrito há 2.500 anos

Quando duas pessoas estão unidas
Na intimidade de seus corações,
Elas são capazes de quebrar
Até o mais duro ferro ou bronze.

Quando duas pessoas se entendem
Na intimidade de seus corações,
Suas palavras são doces e poderosas,
Como a fragrância das orquídeas.

Confúcio (filósofo e pensador chinês do Período das Primaveras e Outonos)

Ótimos relacionamentos não acontecem por acaso

O relacionamento de seus sonhos não depende da sorte – não é como jogar os dados e acertar o número do amor. É preciso saber quais são os passos que podem levar a um relacionamento gratificante e duradouro com seu parceiro. De vez em quando, conhecemos uma pessoa que acreditamos ser feita para nós. Porém, por causa do que aprendemos sobre relacionamentos e do que nos tornamos ao longo dos anos, destruímos a oportunidade e o que poderia ser um ótimo relacionamento com a pessoa certa é transformado em mais um final infeliz. Nas mãos erradas, até a melhor das oportunidades acaba dando em nada.

Há uns 25 anos, um de meus amigos estava na cozinha de casa, tomando café da manhã comigo e, de repente, disse: "Tenho azar para escolher mulheres. As últimas nove mulheres com quem me relacionei acabaram se tornando umas megeras da pior espécie".

Dei risada dele – que também tinha um ego enorme – e respondi: "Não é verdade. As últimas nove mulheres que você escolheu eram doces, gentis e adoráveis e você as transformou em megeras".

Ele replicou, ofendido: "Quem diabos você pensa que é para falar desse jeito comigo?". Ficou muito insultado, levantou da mesa e foi embora de casa, pisando duro. Não tive notícias dele durante quatro anos, até que ele me telefonou do Havaí, onde estava morando com a esposa e o filhinho de 1 ano. Meu amigo disse o seguinte: "Estou ligando para agradecer e dizer a você que percebi que aquilo que me disse na mesa do café da manhã na sua casa estava certo; eu destruía as mulheres com quem me relacionava. Quero que você saiba que não faço mais isso". Contou-me que estava extremamente feliz com a mulher e o filho. Hoje em dia, ele tem três crianças e continua muito feliz com a mesma mulher com quem se casou.

Meu amigo aprendeu o que você descobrirá ao longo deste livro: o tipo de pessoa que você é a cada momento tem responsabilidade direta pela situação de seu relacionamento ou pela falta de um. E não apenas por isso: por toda atual situação de sua vida – ser feliz ou infeliz, conseguir patrimônio, ou não. Em resumo: é responsável por seu estado de bem-estar na vida.

DES-INFORMAÇÃO

O mundo dos relacionamentos amorosos profundos, reconfortantes e recompensadores é único. Poucas pessoas moram nele. Aqui você vai descobrir por que tão poucos chegam lá e por que tudo isso o iludiu. Vai se tornar alerta – talvez pela primeira vez na vida – para as informações, sempre presentes, que formaram seu modo de ser, que direcionam e determinam o curso dos seus relacionamentos. Essas referências, às vezes, encaminham sua vida de uma maneira muito boa, outras vezes, muito ruim – mas são sempre inexoráveis.

Sem perceber, você armazena em sua mente ideias sobre como criar um relacionamento. Como você, a maioria das pessoas é desatenta a tais ideias e impressões. Elas vão sendo formadas ao longo dos anos, enquanto você vivencia seus relacionamentos e observa o dos outros. É provável que algumas delas tenham sido transmitidas ou aprendidas em leituras, em algo que ouviu ou viu no cinema ou na televisão. Você sempre tentará encaixar seu atual relacionamento ou alguma relação nova na moldura formada por aquelas ideias. O problema é que, em grande parte, elas são baseadas em desinformação. Se isso não fosse verdade, você já teria conquistado o seu tão sonhado relacionamento.

Muito de tudo que você leu, ouviu e viu na mídia, embora possa representar o relacionamento buscado, é enganador ao descrever a maneira de chegar lá ou nem menciona quais são os passos a seguir. É como olhar uma revista que mostra o estilo de vida dos ricos e famosos – seus iates, aviões, mansões e padrões de opulência – sem que se conte como abrir as portas da abundância financeira.

Não ter as chaves dos relacionamentos amorosos gratificantes pode deixá-lo vagando do lado de fora das muralhas invisíveis e inexpugnáveis desse mundo. Procurará em livros, revistas, filmes, programas de televisão, na sua imaginação e até em algumas eventuais conversas com algumas das raras pessoas que lá habitam. Nada disso adianta. O que vai possibilitar que você entre no mundo dos ótimos relacionamentos é viver em harmonia com as simples e poderosas Leis do Amor. Entendê-las e aplicá-las lhe dará acesso a novas informações – In-Formação.

Considere essas in-formações como ideias e conceitos que serão interiorizados para criar uma nova "formação" em sua mente, a qual fará com que você pense de um modo novo a seu respeito e a respeito de seu relacionamento, o que possibilitará a geração de uma atitude diferente com seu parceiro.

Diante dessa informação, você estará preparado para mudar. Aos olhos, coração e mente de quem você ama e deseja que retribua esse amor, você vai se tornar, em essência, uma nova pessoa. Ao longo deste livro, você verá como combinar as Leis do Amor para formar um ritual de conduta, um modo de ser, que trará beleza e longevidade ao seu relacionamento e muita paz e harmonia para sua vida e para aqueles que vivem ao seu redor. O amor é o que você busca e é amor que você sentirá e receberá quando estiver vivendo em sintonia com essas leis.

Curando os desequilíbrios

A seguir apresentarei um pouco da história de meu aprendizado e de minha compreensão das Leis do Amor.

Durante muitos anos, fui um estudioso dos textos antigos, especialmente da filosofia chinesa. Aqueles ensinamentos sobreviveram por milhares de anos devido ao imenso valor prático para as pessoas, falam sobre felicidade, paz e prosperidade, assim como sobre a criação de relacionamentos significativos e duradouros. Estudei-os por mais de quarenta anos, coloquei-os em ação na minha vida e escrevi sobre eles em outros livros. Esses princípios são a chave para a cura a partir da base, do alicerce do ser humano, que é, aliás, o funcionamento de toda cura verdadeira. Deixe-me apresentar a você um exemplo paralelo.

Os conceitos centrais que você lerá também são uma parte importante do que ensinamos no Passages Addiction Cure Centers, que meu filho, Pax, e eu fundamos. Pessoas de todas as partes do mundo vão aos nossos centros buscar a cura para a dependência de drogas, álcool e de outros comportamentos decorrentes de vícios. Em geral, aqueles que chegam diante de nossas portas estão em um estado mental lastimável. Na verdade, quem acorda pela manhã sentindo-se disposto e acreditando que tudo vai bem não diz: "Acho que vou passar o dia no Passages". As pessoas nos procuram quando perdem o chão, quando estão girando em falso, quando já tentaram incontáveis vezes deixar o vício e falharam, portanto, quando a vida se tornou um pesadelo. No nosso trabalho diário, vemos todos os tipos de relacionamento e em estados inimagináveis – desde os totalmente amorosos, acolhedores e apoiadores até aqueles nos quais o cônjuge já abandonou o lar e recebeu ordem judicial de não voltar mais, ou casais que acabaram de receber a documentação para o divórcio.

No Passages, utilizamos uma abordagem inovadora e estimulante que revolucionou o tratamento do vício e do alcoolismo. Há décadas, a American Medical Association (AMA) define o alcoolismo e o vício como doenças. Os integrantes dos Alcoólicos Anônimos (AA) em todo o mundo consideram que essas chamadas doenças são incuráveis, o que deu origem aos *slogans*: "Uma vez alcoólico, sempre alcoólico" e "Uma vez viciado, sempre viciado". No Passages, sabemos que o alcoolismo e o vício não são doenças, mas sintomas de condições subjacentes que os causaram e que os mantêm. O uso de drogas, álcool ou outros comportamentos decorrentes de vícios é o que as pessoas fazem para *lidar* com as condições de vida, o que caracteriza a causa real de seus vícios.

Em outras palavras, nós não tratamos o alcoolismo ou os outros vícios de nossos clientes; são apenas sintomas. Em vez disso, nós os ajudamos a descobrir e corrigir as condições subjacentes que estão causando a automedicação, a busca de alívio em substâncias químicas e nos vícios. O resultado dessa abordagem é quase sempre uma vida livre.

Tais princípios podem ser aplicados aos relacionamentos que saíram dos trilhos. Uma forma de progredir em situações nas quais há a necessidade de cura é identificar o que está doente, o que está em desequilíbrio e, então, buscar a informação que poderá gerar a cura. A maneira de curar seu relacionamento é procurar as condições implícitas – em você e no seu parceiro – que estão fazendo a relação esvair-se e, em seguida, buscar a orientação para a cura. As Leis do Amor darão o direcionamento. Você enxergará e entenderá o que acontece abaixo da superfície e aprenderá a corrigir o que está em desequilíbrio, ajustando o tratamento dado a você e ao seu companheiro, além de adaptar suas reações às circunstâncias em constante mudança na sua vida.

Quando o seu comportamento muda, todos a sua volta, especialmente aqueles com os quais você estabelece um relacionamento mais próximo, mudarão como resultado do seu novo comportamento. Toda pessoa responde de acordo com o que *você está sendo em cada momento*. É fácil observar que, quando você é constantemente desagradável com quem ama, não demorará para que causa e efeito interajam e prejudiquem o relacionamento. O contrário também é verdade: se você é sempre carinhoso e agradável com quem ama e age em sintonia com as Leis do Amor, será profundamente amado e o relacionamento prosperará. É o funcionamento da Lei Universal.

Primeiros passos

Alguns dos conceitos aqui apresentados contrariarão suas crenças sobre como deve ser criado um relacionamento maravilhoso. Pode ser até que desafiem o seu bom senso (na verdade, que o ofendam). Isso já é esperado. Se assim não fosse, essa leitura não cumpriria sua missão, não lhe faria nenhum bem. Na maior parte deste livro, você vai desaprender o que sabe sobre relacionamentos, entender o que é irreal e substituir pelo que é verdadeiro. Como dizia o filósofo grego Antístenes, "a parte mais útil de nosso aprendizado para a vida é desaprender o que não é real".

Quando você se vir diante de um conceito ofensivo ao seu bom senso, antes de zombar e descartá-lo como inútil e sem valor, pergunte-se: "Eu gostaria que esse conceito fosse verdade?". E depois: "Eu daria a chance desse conceito ser verdade?". Não cometa o equívoco de confiar na sua mente racional ou no que acredita ser seu bom senso, porque até agora nenhum deles lhe trouxe o relacionamento que tanto deseja. O que você considera bom senso em relação aos relacionamentos pode estar baseado em uma informação que não é totalmente verdadeira ou que é falsa. Em vez disso, aproveite tal oportunidade para abrir seu coração e sua mente para esta nova abordagem.

A meta perseguida é muito maior e vale a pena. Sugiro que, antes de continuar, você pegue uma caneta marcadora ou um bloco de papel e uma caneta. Conforme for lendo, marque ou sublinhe as frases que lhe parecerem mais importantes ou tome nota no bloco. Com essa estratégia, você poderá voltar a ler o livro e ver os tópicos marcados ou rever as anotações, refrescando a memória com os pontos mais significativos. Não deixe de seguir tal conselho. Ele é fundamental, caso você pretenda integrar esses conceitos à sua vida diária. As Leis do Amor são inter-relacionadas, portanto, os conceitos se sobrepõem e alguns abrangem as mesmas questões, sob diferentes perspectivas. Essa forma é intencional e ajuda a reforçar as mudanças comportamentais que você deseja que sejam duradouras.

Para começar a gerar mudança, um dos primeiros passos de sua jornada é admitir que algo em seu modo de agir e viver está incorreto ou você já teria alcançado os resultados pretendidos. Não fique assustado; é fácil.

Para que você possa absorver novas informações, primeiro deve reconhecer e admitir que aquilo que sabe sobre como criar um ótimo relacionamento não está – pelo menos, em algum grau – funcionando e é baseado em des-informação. Não estou dizendo que *você* está errado, mas sim que *algumas das ideias em que acredita* sobre relacionamentos estão erradas. Entendo que essa é justamente a razão pela qual você está lendo este livro, mas terá que assumir que não sabe ainda como fazer nem conhece as chaves.

Pare um instante e diga: "O que sei a respeito de criar meu perfeito relacionamento amoroso está parcialmente incorreto e não funciona". Faça isso agora mesmo. Diga e repita com convicção. Não tenho a intenção de confrontá-lo, mas é preciso esvaziar um pouco sua mente antes de acrescentar novas ideias.

A JORNADA À SUA FRENTE

Prepare-se para a jornada que pode ser a mais importante da sua vida. Você está agora no caminho da descoberta da informação necessária para criar o relacionamento dos seus sonhos. Mais do que isso: esse percurso lhe dará ideias úteis para mudar seu mundo inteiro, tornando-o mais parecido com aquele que gostaria de viver.

Quando encerrar o tempo destinado a este livro, se eu tiver realizado bem o meu trabalho e você o seu, a consequência será que você pensará diferente, agirá diferente e verá o mundo de um modo completamente diverso. Você terá se recriado como pessoa – será muito mais feliz e seu amado estará sempre contente por estar perto. Caso ainda esteja buscando o seu amor, além de mais feliz, você será capaz de atrair e manter ao seu lado seu novo companheiro. Você também atingirá suas metas de modo mais rápido, as boas coisas fluirão com naturalidade e a vida será mais fácil, porque estará vivendo em harmonia com as Leis Universais. Aqui estão, portanto, as Leis do Amor.

Lei 1

A Lei Universal Controla Tudo

Àqueles que se adaptam ao Caminho, o Caminho prontamente empresta o seu poder.

Lao Tzu (ou o "Velho Sábio", nascido Li Erh, no sexto século a.C.)

Nosso mundo é governado por Leis Universais, físicas e metafísicas (ou seja, vão além da Física). Essas leis são indestrutíveis, fixas e imutáveis. Todo evento, toda circunstância, toda manifestação da natureza e da vida ocorrem de acordo com as Leis Universais. Ao aprender a viver em harmonia com elas, você vai descobrir a fonte de toda saúde, riqueza, felicidade e alegria, assim como uma profunda paz, segurança e realização em seus relacionamentos. O fato de haver leis que governam os relacionamentos deve lhe trazer conforto. Por meio do conhecimento, você passará a confiar completamente nelas para atingir, afinal, suas metas no relacionamento amoroso.

As Leis Universais já existiam muito antes de você nascer, continuam a produzir seus efeitos e permanecerão assim muito depois que sua atual forma física tiver se transformado e você seguir adiante em sua jornada pelo tempo e espaço. As Leis Universais estão em ação dentro e fora de nós. No vácuo, a luz viaja a 299.792,45 quilômetros por segundo – nem mais, nem menos. Essa é uma Lei do Universo. Você pode confiar nela.

Sir Isaac Newton, cientista, físico e matemático inglês, nascido em 1642, formulou a lei da gravidade, enquanto estava sentado debaixo de uma macieira e viu um fruto cair no chão. O resumo é que todo objeto do Universo exerce uma atração física sobre todos os outros objetos. A força de atração depende da massa do objeto e da sua distância com relação aos outros objetos. Quanto menor a massa e maior a distância, menor a força de atração. A maçã atrai a Terra para si e a Terra atrai a maçã, em virtude da existência da mesma força da gravidade. Mas é a maçã que cai na Terra, e não a Terra que sobe até a maçã, porque a massa da maçã é muito pequena, comparada à massa da Terra. Essa é uma Lei Universal, representada por uma fórmula específica e precisa.

Dia após dia, ano após ano, a Terra gira em torno do Sol a uma velocidade de 107.800 quilômetros por hora e se move em torno de seu próprio eixo a 1.610 quilômetros por hora. Nossa Lua viaja a uma velocidade de 3.682 quilômetros por hora e se movimenta em elipse em torno da Terra a 2.290.096 quilômetros por hora. Tudo se move de acordo com as Leis Universais.

Você aprende as leis da Física e da metafísica por tentativa e erro. Quando criança, se quiser passar através de uma árvore, vai bater e machucar o nariz. Se imaginar que pode voar e saltar de um lugar alto, a dor resultante do impacto no chão fará você mudar de ideia. Tentando quebrar as leis físicas, você aprende que elas são indestrutíveis – e sempre serão.

De uma maneira muito parecida, você também aprende as leis metafísicas. Se você maltrata os seus amigos, logo irá perdê-los. Quando mente demais, ninguém confiará em você. Mas se for honesto, leal e gentil será sempre querido.

A perfeita ordem

Tudo o que acontece, todos os eventos, situações e mudanças resultam da manifestação de uma Lei Universal. Alguns cientistas que acreditam no caos discordam de tal afirmação. Eles apontam o pôr do sol como exemplo e dizem que "esse é um exemplo do caos", indicando um estado de total confusão ou de desordem atômica ocorrendo sem uma ordem fixa ou um controle. No entanto, isso é um completo absurdo, porque cada átomo em cada pôr do sol é completamente controlado pelas Leis Universais, como as leis da gravidade e do eletromagnetismo.

O caos significa que qualquer coisa pode acontecer a qualquer momento sem que leis fixas governem as ocorrências. Porém, "qualquer coisa" *não acontece*. Eis um exemplo. Segundo as melhores evidências científicas, o Universo está em seu estado atual há aproximadamente 13,73 bilhões de anos. Se o caos é parte do esquema universal e qualquer coisa pode acontecer a qualquer momento, com certeza, em 13,73 bilhões de anos, o Universo já teria se desestruturado. Porém, até agora nada aconteceu. Sendo assim, algo deve ordenar o caos e o que resta é a Perfeita Ordem. A partir de todos esses fatos e de muitos outros, concluo – e espero que você também – que nós somos parte de um Universo, no qual a Perfeita Ordem prevalece e tudo acontece *somente* em harmonia com as Leis Universais.

Você acredita no caos, em eventos aleatórios e descontrolados, na ideia de que qualquer coisa pode acontecer a qualquer momento sem que leis fixas governem? Se sim, estará sempre vivendo em um estado de medo e tensão, sem saber o que vai acontecer de um momento para outro. O seu temor pode ser pequeno, mas está lá. Esse medo provoca falta de segurança e um sentimento de desconfiança.

O aprendizado e a confiança nas Leis do Amor ajudarão a libertá-lo desse medo. Elas são tão infalíveis e indestrutíveis quanto aquelas que governam a velocidade da luz e o crescimento da velocidade dos objetos que caem. Quando vivemos em harmonia com as Leis do Amor, criamos belas e gratificantes relações humanas. Caso contrário, nos machucaremos da mesma forma como as pessoas acreditam que podem atravessar árvores ou pular de um lugar alto e voar. Você poderá ferver água (no nível do mar, a água fresca ferve a 100 graus Celsius); ao descobrir e aplicar as Leis do Amor, você também saberá fazer seu relacionamento atingir o ponto de fervura, porém, com certeza, você não pretende mantê-lo em temperatura tão alta. Ao longo do tempo, o melhor é uma ternura suave.

A primeira Lei do Amor – a Lei Universal que controla tudo, até mesmo seus relacionamentos – prepara o palco para as demais. Ao longo da leitura deste livro, não se esqueça de que a trilha até um relacionamento maravilhoso está sempre à sua frente. Você pode dar o primeiro passo a todo instante e transformar suas circunstâncias, lindamente. A trilha que conduz à infelicidade nos seus relacionamentos, que ignora as Leis do Amor também está ao seu alcance. A cada passo de sua jornada, você deve fazer uma escolha entre as duas trajetórias. Seu relacionamento está em suas mãos e tudo é possível.

LEI 2

TUDO ESTÁ EM CONSTANTE MUDANÇA

Um homem nunca se banha duas vezes nas águas do mesmo rio, porque nunca é o mesmo homem e nunca é o mesmo rio.

Heráclito de Éfeso, filósofo pré-socrático (540 a.C.-480 a.C.)

A Lei Universal da Mudança determina que, no Universo, tudo está sempre em constante mudança (exceto as Leis Universais que se mantêm imutáveis). A vida é como um rio, mencionado na citação de Heráclito: nada é sempre igual nem mesmo por um instante. Com o seu relacionamento acontece algo muito semelhante: ele está em constante estado de mudança, melhorando ou piorando com o passar do tempo. Isso significa que a vigilância deve ser permanente, pois frente às mudanças inexoráveis, a reação estará harmônica com as Leis do Amor, e não em parceria com atitudes aleatórias, que desconsideram as consequências. Melhor ainda se você conseguir ser seu próprio arquiteto, trazer intencionalmente para seu relacionamento as mudanças que poderão transformá-lo no visualizado em seus sonhos e obter, assim, os melhores resultados.

Sua vida está em um estado de evolução contínua. As mais antigas e reverenciadas tradições mundiais dizem que somos forjados no fogo da vida. É uma lei eterna. Todos nós devemos passar pelo fogo para nosso fortalecimento, melhoria da resistência e revelação dos segredos de nossos corações. O fogo da vida é a força universal que constantemente nos molda e nos lapida. Como afirma o antigo livro chinês, denominado *I Ching* (literalmente, *Livro das mutações*): "Interminavelmente, o Universo nos forma e nos muda até que cada um encontre a sua verdadeira natureza e entre, então, em sintonia com a Grande Harmonia".

Esse processo constante de modelagem e mutação se apresenta e assume a forma das adversidades. Quando se leva em conta apenas o visível, o externo, o palpável, parece estar contra nós, mas, na verdade, trabalha a nosso favor. Em outras palavras, o Universo nos ajuda a crescer e entrar em "grande harmonia" através de situações e eventos que nos desafiam.

Você deve conhecer o antigo ditado que diz que o limite da força de uma corrente está em seu elo mais fraco. Conclusão: você só é forte até o limite de sua principal fraqueza. Os desafios e as mudanças enfrentados, portanto, são entregues "em domicílio" por um Universo generoso e amoroso com o objetivo de torná-lo mais forte e sábio. As circunstâncias podem ser parecidas com um problema, sentidas e entendidas como um problema, mas trata-se apenas de um ponto de vista. Aprender a encarar os problemas como uma "situação de aprendizado" fará com que assumam um novo aspecto. São exatamente "situações de aprendizado", são aquelas nas quais você pode ganhar força e compreensão. Após tal percurso, aquelas circunstâncias não se aplicam mais, passaram e não mais retornarão, desde que você se mantenha atento ao que aprendeu e não escolha agir justamente de forma contrária.

Quando você vive de acordo com as Leis Universais, a vida se revela bonita, agradável e feliz. Na verdade, é esta a confirmação de que você está realmente seguindo as Leis Universais. No momento em que começar a viver em oposição a elas, surgirão resultados desagradáveis que o farão perceber que saiu da ROTA ou que certa área de sua vida precisa de aprimoramento. Eu coloquei a palavra ROTA em letras maiúsculas para chamar sua atenção. Tudo na vida está na Rota de evolução.

Esses mesmos princípios estão agindo nos seus relacionamentos. Os eventos, as situações e as pessoas mudam e, ao longo de tais circunstâncias mutantes, você pode ter que enfrentar o que parece e pode ser percebido como obstáculos e dificuldades. Entendê-los como o que realmente são – oportunidades de crescimento e de aprimoramento – é essencial para criar e manter relacionamentos amorosos gratificantes.

O ritmo do seu amor

Assim como mudam as situações na sua vida e no seu relacionamento, também mudam suas necessidades individuais e as do seu parceiro. Para que o relacionamento prospere, vocês devem atentar às mudanças e reagir de forma a fortalecer a relação. Você já deve ter ouvido a seguinte analogia, mas vale a pena revisitá-la: o relacionamento é como um jardim. Para oferecer condições para que as plantas produzam flores e frutos em abundância, deve-se semear, regar, fertilizar e cuidar do jardim. É necessário conhecer as necessidades específicas das plantas semeadas no jardim; algumas necessitam de mais luz outras menos, algumas precisam de mais ou menos água e outras têm que receber fertilizantes especiais.

Para criar um relacionamento maravilhoso, duradouro e frutífero, no qual o amor seja a principal diretriz, você tem que oferecer as condições favoráveis para que ele se mantenha em prosperidade. Para isso, precisa conhecer as necessidades específicas de seu companheiro. Cada um de nós é único, portanto, tem necessidades diferentes. Além disso, elas mudam ao longo do relacionamento. Quando há comprometimento na construção de um relacionamento duradouro, não há a preocupação de que apenas *suas necessidades* sejam atendidas. Busca-se, da melhor forma, cuidar da pessoa amada, mostrando-se atento e adaptável às suas mudanças.

Não basta dizer que é preciso tratar seu parceiro como gostaria de ser tratado, porque ele pode precisar de mais cuidados do que você. Portanto, para alimentar um relacionamento, deve-se descobrir quais são as necessidades do companheiro e procurar atendê-las. Esse processo não começa e termina uma vez só; é contínuo e constante. Faz parte do ritmo do amor compartilhado. Como disse Confúcio: "Estão em constante mutação aqueles que querem ser sábios e felizes". Uma das chaves para exercer a Lei da Mudança no seu relacionamento é a flexibilidade. *Manter-se inflexível quando tudo está mudando ao seu redor é um convite ao desastre.* Um paradigma de sucesso nos relacionamentos é definir um caminho suficientemente estável, e não permitir que seus valores oscilem a cada argumento ou perturbação. No entanto, é igualmente importante estar alerta às condições de mudança e se manter aberto e flexível o bastante para se adaptar às novas circunstâncias.

Manter-se rígido leva ao fracasso. Ser flexível leva ao sucesso. A frase seguinte, de forma equivocada atribuída ao naturalista inglês Charles Darwin, transmite a mesma mensagem: "Não é o mais forte da espécie que sobrevive, nem o mais inteligente e, sim, aquele que responde melhor às mudanças". É certo, porém, que existem mudanças inaceitáveis em um relacionamento, como, por exemplo, desonestidade, mentira, abuso físico, vício prolongado em álcool ou drogas ou outros comportamentos decorrentes de vícios. Se forem admitidas, o desastre está prestes a se tornar realidade. Em outro capítulo, abordarei com mais detalhes o que chamo de "quebradores de acordo", situações nas quais você deve terminar o relacionamento e seguir em frente.

A META DA PERSEVERANÇA

Quando você considera o seu relacionamento com seriedade, a preservação da relação em si – a longevidade do amor e o apoio que compartilham – sempre será mais importante do que as mudanças, perturbações e desacordos que, inevitavelmente, acontecerão. O que possibilita a sobrevivência da parceria frente às dificuldades, aos fracassos, sucessos e mudanças que todo relacionamento experimenta como parte da condição humana é a característica indispensável da perseverança. Tratarei desse tema com mais detalhes à frente, mas aqui estão alguns exemplos para apresentá-lo.

Digamos que você receba uma excelente oferta de emprego, que exigirá que fique longe do seu companheiro por vários meses. A oferta é excepcional com uma substancial soma em salários, ótimos benefícios e muito prestígio e visibilidade. O seu parceiro não gostaria que você aceitasse o emprego, porque vocês ficarão separados e limitaria o relacionamento. O que você faz?

A resposta é clara: você não aceita o emprego. Você diz "não" à oferta, bem disposto, satisfeito e com uma canção em seu coração, sabendo que escolheu o amor como sua estrela-guia. Ela é infalível, e envia uma luz confiável que o direciona sempre pela rota certa. O ponto central da questão é que você faça com que o relacionamento seja mais importante do que a oportunidade de emprego. *Se você quer que seu relacionamento dure, fixe a sua mente em uma meta duradoura.* Ponha foco na continuidade do seu relacionamento.

E o que aconteceria se o seu companheiro quisesse que vocês se juntassem a um grupo de caminhadas nos finais de semana, em vez de passarem o tempo de folga com o círculo de amigos de sempre? E se ele estiver realmente encantado com essa ideia? Você vai ficar com raiva ou aborrecido? Você vai se recusar a caminhar ou vai mudar de opinião e aprender a gastar o tempo livre de uma forma nova? Você dará aos dois a liberdade de crescer e experimentar ou vai arriscar a longevidade do relacionamento? De novo, a questão central é tornar o relacionamento mais importante do que resistir à ideia de caminhar nos finais de semana.

O mesmo princípio é aplicado aos argumentos. Se você permitir que os desacordos e as discussões se avolumem – qualquer que seja o tema discutido acaloradamente –, está tornando a discórdia mais importante do que o relacionamento. O que quer que vocês estejam discutindo só é mais importante do que o relacionamento, *se você escolher isso.* A regra aqui é a seguinte: não torne o que o seu parceiro faz ou fala mais importante do que a parceria de vocês.

Ação para a Lei 2
Tudo está em constante mudança

O poder da flexibilidade e da adaptabilidade

Seja sempre suave e flexível como um junco, nunca duro e inflexível como o cedro.

Talmud, livro sagrado dos judeus (200 E.C.-500 E.C.)

A partir deste ponto do livro, ao final de cada capítulo você vai encontrar algumas perguntas para estimular sua reflexão e algumas ideias para que você aja e dê os próximos passos para criar o relacionamento ideal.

Reflita um pouco sobre a Lei da Mudança e o poder da flexibilidade e da adaptabilidade, e pense a respeito das questões apresentadas a seguir. (Por favor, responda em voz alta se estiver sozinho, ou em silêncio, caso haja alguém por perto.)

Com quanta flexibilidade eu estou reagindo às necessidades e desejos do meu parceiro?

Eu sempre exijo que as coisas sejam do jeito que eu quero no nosso relacionamento?

O que posso dar como exemplo de situação de mudança à qual *não* me adaptei em nosso relacionamento? Qual foi o resultado?

O que posso dar como exemplo de situação de mudança à qual me adaptei bem em nosso relacionamento? Como foi a adaptação e qual o resultado?

Quais mudanças estão acontecendo no meu relacionamento exatamente agora?

Quais são os passos específicos que posso dar para me tornar mais flexível e adaptável a essas mudanças, com o objetivo de preservar ou melhorar o meu relacionamento?

Caso eu esteja em busca de um parceiro, comprometo-me a ser adaptável quando encontrar o que procuro?

Lei 3

Sua filosofia determina a qualidade do seu relacionamento

O homem é feito por suas crenças. Quando acredita, então, ele é.

Bhagavad Gita, poema épico indiano (500 a.C.)

Todos nós temos uma filosofia pessoal, que é tudo aquilo que acreditamos ser verdadeiro e real a respeito do mundo e do seu funcionamento. Sua filosofia faz com que você responda aos eventos de uma maneira particular; em contrapartida, determina como os fatos e as circunstâncias o afetam e como você os afeta de volta. Pode ser que você não esteja atento à força de sua filosofia na modelagem da vida e como ela é capaz de direcionar as ações e ser responsável pelas escolhas que faz diariamente. No entanto, a filosofia pessoal trabalha o tempo todo, todos os dias, a cada momento. Se você mudar sua filosofia, sua vida vai mudar, seu relacionamento vai mudar e tudo ao seu redor vai mudar, como resposta à nova filosofia.

Ao longo dos anos, você foi modelado e moldado para ser a pessoa que é hoje por seus pais, professores, amigos, pela mídia, pelos livros que leu, filmes que viu e também pelas experiências pessoais. Sua percepção do mundo e o modo como vê a si mesmo na vida criaram conceitos na sua mente que, somados, caracterizam sua filosofia. Ela foi sendo formada sem que você percebesse que isso estava acontecendo.

Basicamente, a filosofia que você estruturou desde o seu nascimento é a responsável por aquilo que sua vida é hoje, no momento em que está lendo este livro. Ou seja, é a causadora de quem você é e daquilo que tem. As ações nela baseadas também são responsáveis pelo estado em que se encontra seu atual relacionamento ou pela falta de um. Numa abordagem simplificada, podemos dizer que as opiniões que você formou sobre como é um relacionamento maravilhoso são o guia para suas ações e reações atuais.

Em resumo: pelas suas escolhas, baseadas naquilo que acredita – isto é, sua filosofia –, você cria os bons e os maus aspectos de seu relacionamento e da sua vida. Como Anna Eleanor Roosevelt disse: "As palavras não são a melhor expressão da filosofia de vida de uma pessoa; a melhor expressão dessa filosofia pessoal está nas escolhas que fazemos... Ao longo do tempo, nós modelamos nossa vida e somos modelados por ela".

Aquilo que você acredita

Um antigo ditado diz: "Quanto mais você fizer o que tem feito, mais receberá do que já tem". Há muita sabedoria nessa frase e expressa uma fórmula operacional muito simples: se o que você é e o que você tem – nos relacionamentos, em casa ou no trabalho – são aquilo que quer, então, está perfeito; siga em frente, faça o que tem feito e receberá muito mais disso. No entanto, se o que você é e o que você tem estão aquém ou são diferentes daquilo que gostaria, alguns ajustes básicos fazem-se necessários. Não será possível produzir resultados diferentes dos vivenciados hoje em dia em seu relacionamento ou na sua vida sem mudar o modo de agir e de pensar.

Você terá que reinventar a maneira de ver seu mundo. Refiro-me ao *seu mundo* porque cada um de nós vive em um mundo diferente. Claro! Todos nós vivemos no planeta Terra, temos nossos altos e baixos e precisamos de comida, roupa e abrigo. Mas você teve uma infância diferente de todos os outros, os seus pais ou a falta deles, suas experiências, seus traumas, seu histórico de saúde, sua formação escolar, seus desafios, as lições que aprendeu, seus pensamentos e suas conclusões. Você tem a sua vida.

Como consequência, sua filosofia – como acredita que o mundo funciona – é diferente. Mesmo que as diferenças sejam pequenas, elas fazem *toda* diferença. Isso significa que o que é verdadeiro para outra pessoa, talvez não seja para você e, provavelmente, não é. O que funciona para os outros, pode não funcionar para você e, provavelmente, não funciona mesmo. As Leis do Amor servem para todos, mas você deve aplicá-las a seu próprio modo, de acordo com suas circunstâncias. As mudanças que você precisa fazer para reinventar seu mundo são específicas para você.

Traçarei alguns exemplos de crenças formadoras de nossas filosofias (alguns podem fazer parte da sua filosofia): "Neste mundo, vence o mais forte"; "Na vida de todo mundo, tem que chover um pouco"; "As coisas ruins acontecem para as pessoas boas"; "A felicidade duradoura é impossível". Ou talvez você acredite que: "As coisas na minha vida sempre caminham para o melhor"; "Toda nuvem tem um tom prateado"; "Sou responsável pelo curso da minha vida".

E no que diz respeito ao seu relacionamento? Como já dito, a filosofia pessoal também determina o que se acredita sobre relacionamentos, o que se pensa sobre eles e sobre como criar ótimos relacionamentos; até mesmo se você crê que isso seja realmente possível. Sua filosofia também abrange o que você julga merecer em um relacionamento. Por sua vez, cada uma de suas ideias e crenças modelam a transformação do seu relacionamento.

Você pode, por exemplo, ter algumas das seguintes crenças: "Em geral, não se pode confiar nas pessoas"; "Você tem que aceitar a dor que vem com o amor"; "Eu realmente não mereço o relacionamento perfeito"; "Minha felicidade depende da pessoa com quem me casei"; "Você tem que ter muita sorte para encontrar um ótimo relacionamento"; "Não sou uma pessoa sortuda". Talvez elas estejam mais em sintonia com as seguintes frases: "Espero que boas coisas aconteçam para mim"; "Sempre consigo enxergar o melhor nos outros"; "Não importa quão difícil seja a situação, eu consigo transformá-la em algo positivo"; "Todo fim traz em si mesmo um novo começo, uma nova oportunidade"; "Como eu ajo e reajo determina a qualidade do meu relacionamento"; "Sou uma pessoa legal e mereço ser amada".

OS PADRÕES ENSINADOS

Eu também tive minha filosofia formada pelas primeiras experiências. Já contei as histórias sobre minha mãe em outros livros, mas é importante incluir também aqui pelo menos uma parte para mostrar a você como o que aprendemos com as pessoas importantes de nossas vidas influencia nossos relacionamentos – a não ser que, conscientemente, façamos algo para nos retreinar. A minha história é um tanto dramática, mas todos nós aprendemos padrões com quem nos cria – crenças para as quais não estamos atentos.

Minha mãe, Bea, era uma fora da lei, que aprendeu a sobreviver por seus próprios meios e inteligência (nunca pude chamá-la de mãe ou mamãe, apenas de Bea). Quando eu tinha uns 3 anos e meio, uma de suas primeiras lições, fixada em mim por uns vinte anos, foi: "Nunca diga a verdade". E acrescentava: "Nunca diga a verdade se uma boa mentira pode resolver tudo".

Na arte de mentir, outro de seus ensinamentos foi: "O bom mentiroso tem que ter uma boa memória". Por isso, eu decorava longos e intermináveis poemas para aprimorar minha memória. Ela dizia ainda que, seu eu fosse pego em uma mentira, nunca deveria admitir, mesmo em flagrante. Bea contava histórias de pessoas acusadas de mentir, mas que nunca admitiram. Segundo ela, com o passar do tempo, aqueles que ouviram a mentira não tinham mais a absoluta certeza se tinham sido enganados, ou não.

Minha mãe nasceu em Nova York, em 1900. Seu pai era um estivador, que trabalhava nas docas e a mãe uma dona de casa, que cuidava de Bea, de mais duas filhas e um filho. Eles eram muito pobres. Quando Bea fez 15 anos, foi estuprada por um homem mais velho, que foi forçado a casar-se com ela, por ter engravidado. Eles se odiavam, e ele adorava atormentá-la. Para ganhar cinquenta centavos por dia, ela pregava botões em camisas. Precisava economizar um pouco de dinheiro para um dia se livrar daquele casamento. Três anos depois, ela finalmente conseguiu sair daquele relacionamento, mas havia se tornado tão dura e resistente quanto um diamante. Era também implacável. Nunca esquecia algum mal que lhe houvessem feito e era capaz de esperar pacientemente para se vingar. Eu testemunhei Bea esperar vinte e quatro anos por uma vingança, e aquilo a deixar feliz por vários meses. Ao homem que a estuprou, ela causou males intermináveis até que ele morresse.

Na trepidante década de 1920, Bea estava com 20 anos e, por ser pobre, aprendeu a sobreviver por sua conta no ambiente selvagem e sem lei de Nova York. Ela entrou para o mundo do crime e, quando fez 21 anos, já liderava um grupo de ladrões em Nova Jersey e uma gangue de golpistas em Nova York. Com o início da Lei Seca, entrou em cena imediatamente para distribuir uísque em bares clandestinos – milhares de clubes ilegais que passaram a operar em Nova York. Bea foi bem-sucedida como uma *fora da lei* e estava decidida a me iniciar no mesmo caminho.

Quando fiz 4 anos, ela começou a me ensinar a furtar nas lojas e eu era alegremente parabenizado por meus pequenos sucessos. Bea não precisava mais furtar; apenas adorava fazê-lo. Como único adulto que cuidava de mim, ela me ensinou a sobreviver a qualquer preço e eu aprendi muito bem. Dizia para que não acreditasse em ninguém, especialmente nas mulheres, que, segundo ela, só queriam saber do que podiam tirar de mim. O começo da minha vida profissional foi feita de dolos, golpes e fraudes. Ninguém com quem eu negociasse estava a salvo. Eu enganava até os meus próprios amigos. Achava tudo aquilo muito divertido e ganhei muito dinheiro. No final do dia, Bea e eu sentávamos para conversar sobre as fraudes e os golpes que estávamos dando e ríamos muito de nossas artimanhas.

Você cria o seu futuro momento a momento

Pode-se imaginar como eram meus relacionamentos na época em que estive sob a influência de Bea. Eu sempre decepcionava minhas namoradas por causa das minhas atividades escusas; mentia para elas até mesmo em coisas bobas. Eu as traía e não tinha remorsos. Na verdade, adorava fazer isso, sem perceber que estava destruindo qualquer possibilidade de vir a ter um relacionamento amoroso e de confiança. Mantinha, inclusive, várias relações ao mesmo tempo, sem que uma namorada soubesse das outras. Casei quando estava com 21 anos, mas o relacionamento tinha chance zero de sucesso, diante da minha abundante falta de caráter. Quando minha esposa deu à luz nosso filho, eu estava em um clube noturno com outras duas mulheres. O casamento acabou um ano e pouco depois, quando minha esposa me viu saindo de um restaurante com uma de minhas namoradas.

O que, finalmente, me salvou daquela vida criminosa e decepcionante foi meu apetite pela leitura. Lia diariamente, de preferência livros de ficção, e comecei a perceber que havia um jeito diferente de viver. Lia sobre coragem, bravura, integridade e heroísmo e passei a me sentir poderosamente atraído por uma vida como aquela.

Um dia, quando estava com 23 anos, mentalmente comecei a rever a carnificina que tinha feito na minha vida. Com certeza, tinha meu próprio escritório, e um patrimônio que eu mesmo construíra: erguera casas, vendera terras, fizera os negócios crescerem, mas não tinha sido capaz de manter nada. Não tinha amigos de verdade, minha reputação era terrível e todo mundo tinha medo de mim; eu era absolutamente decepcionante. Era um fracasso como marido, pai, amigo, empresário – um fracasso como homem; tinha magoado e prejudicado muita gente.

Naquele momento, percebi que Bea, aquela mãe protetora, generosa, amorosa e divertida que eu amava tanto e que também me amava muito, tinha me programado na direção errada. Seguindo o caminho que ela havia definido para mim, eu, com certeza, acabaria preso, sem amigos, sozinho e sem um relacionamento gratificante. Eu me sentia massacrado por meus remorsos e tomei a decisão de descobrir a rota para o verdadeiro sucesso, a verdadeira felicidade, o verdadeiro amor, a verdadeira paz interior e da prosperidade duradoura.

Por vários anos, tentei modificar minha vida na cidade em que morava – Nova Jersey –, mas a influência de Bea era muito forte. Então, em 1965, aos 29 anos, peguei o carro e fui para a Califórnia, disposto a me tornar o homem que eu sonhava ser. Quando contei a Bea sobre meu plano de me transformar em uma pessoa honrada e íntegra, seu único comentário foi: "Que tolo!". Ela tinha desprezo por esse modo de vida honesto.

Desde 1965, eu tenho procurado a sabedoria para dar apoio às pessoas e trazê-las para o caminho do sucesso, amor de verdade, prosperidade abundante e felicidade duradoura. Essa busca levou-me a outros países e contatou-me com os mais antigos textos que têm sido transmitidos por milhares de anos. Um livro em particular – *I Ching* –, o livro da sabedoria chinesa com mais de cinco mil anos, foi de enorme valor. Nos textos desse e de outros livros, eu encontrei um caminho nítido para me levar aos maravilhosos dons que tanto procurava. Também aprendi sobre as Leis Universais – e sobre as Leis do Amor.

Uma das lições mais importantes que aprendi naqueles anos foi que sou protagonista na criação do meu futuro, momento a momento, conforme vou respondendo aos eventos da minha vida. E isso se aplica também a você.

Ser do jeito que você é, a todo momento, vivendo sua vida de acordo com sua filosofia foi o que o trouxe até aqui. Mudar sua filosofia vai provocar a mudança de tudo – dentro e fora de você. Na essência, nossos pensamentos produzem nossas ações, as quais, de acordo com as Leis Universais, produzem efeitos. Para nós, os efeitos se tornam o futuro.

Quais são suas expectativas?

Suas expectativas e intenções são uma parte poderosa de sua filosofia. Você cria seu mundo a partir delas. Funciona mais ou menos assim: se você pensa o mundo como um lugar de egoísmo, encontrará egoísmo. Ele é aquilo que você espera, o que procura, consequentemente, é o que terá. Recebendo atitudes de egoísmo e vendo suas expectativas confirmadas, você diz a si mesmo: "Eu sabia!". Mas se pensar que o mundo é um lugar generoso, encontrará generosidade. Pensando em você mesmo como uma pessoa capaz, você se prepara para a realização; acreditando ser incapaz, você já falha desde o início e, assim, dificilmente vai conseguir realizar suas metas.

Quando você imagina a si mesmo como um fracasso ou com problemas intransponíveis em qualquer área de seus relacionamentos ou de sua vida, você está pensando no fracasso, agindo na direção do fracasso e produzindo fracasso. A antiga sabedoria chinesa diz o seguinte: "Momento a momento, moldamos nosso futuro. Usando a imaginação, você planta as sementes do sucesso ou planta as sementes de seu fracasso".

As pessoas que voluntariamente colocam fim na própria vida, fazem-no por uma única razão: elas ficaram desesperançadas porque usavam a imaginação para prever um futuro sombrio e infindável. Outras pessoas nas mesmas condições e circunstâncias usam suas imaginações para vislumbrar esperança. Como enxergam a possibilidade de que haja luz, felicidade e prosperidade no futuro, elas sobrevivem e se tornam felizes, prosperam naquele futuro positivo que conseguiram imaginar.

Quais são suas expectativas no que se refere ao seu relacionamento? Acredita que pode vir a ter um relacionamento gratificante e recompensador? Caso os relacionamentos que viu e vivenciou enquanto estava crescendo tenham feito você acreditar que ótimas relações não são possíveis, desafie essa crença agora, abrindo-se para a possibilidade de que isso pode ser diferente para você. Isso não é apenas uma possibilidade; é a verdade. Você é muito mais poderoso do que acredita e tudo o que você imagina está ao alcance de suas mãos.

Ação para a Lei 3
Sua filosofia determina a qualidade do seu relacionamento

O poder de seus pensamentos e expectativas

O que a mente pode conceber e acreditar, a mente pode alcançar... Suas únicas limitações são aquelas que você estabelece ou permite que os outros estabeleçam para você.

Napoleon Hill, em Ciência para o Sucesso *(1883-1970)*

Se você não tem o relacionamento que deseja ou não se sente feliz a maior parte do tempo, deve mudar sua filosofia pessoal. Reflita agora, por alguns momentos, sobre o que aprendeu sobre relacionamentos enquanto crescia e como isso o tem modelado. Por favor, responda em voz alta se estiver sozinho ou em silêncio, caso haja alguém por perto.

Que tipo de relacionamento tinham meus pais ou as pessoas importantes na minha vida?
Como eles interagiam em seus relacionamentos?
O que as interações e as crenças deles me ensinaram a respeito de relacionamentos?
Hoje em dia, no que eu acredito a respeito de relacionamentos?
Eu acredito que um relacionamento gratificante e recompensador é possível para mim?
Eu acredito que mereço um relacionamento maravilhoso?

Não importam quais tenham sido suas respostas para as perguntas anteriores, pois seguindo as Leis do Amor você será capaz de alcançar o relacionamento dos seus sonhos. Um passo que você pode dar agora mesmo é reprogramar suas crenças, começando a criar a expectativa de que é possível, sim, chegar ao relacionamento que você quer, não importa que tipo de relação seus pais ou adultos modelos

tenham lhe apresentado na infância. Se você soubesse que estava criando o mundo com seus pensamentos, crenças e expectativas não procuraria ter pensamentos, crenças e expectativas que o levariam a realizar seus melhores sonhos?
Você já pensou alguma vez como as coisas são feitas? Isso inclui tudo o que já tenha sido feito. O primeiro passo é sempre alguém imaginando um objeto que poderia ser criado. Essa pessoa, então, precisa desenhar o objeto, desenvolver um protótipo e produzir o objeto real. Em todo caso, o processo sempre começa com *alguém imaginando o objeto que vai ser produzido*. É assim que nós criamos tudo, inclusive, os relacionamentos.
Chegou a hora de você se lembrar dos sonhos até agora irrealizados nos relacionamentos e mantê-los em mente, bem nítidos. *Só por trazê-los à mente, você já começa a percorrer a jornada para concretizá-los no mundo real.* Com certeza, vai ser preciso mais do que isso para transformar os seus sonhos em realidade. Você vai ler mais sobre isso na Lei 7, mas imaginar o que você quer já é um promissor ponto de partida.

Encontre um lugar confortável e sente-se silenciosamente por cinco minutos.
Feche os olhos e imagine o relacionamento que deseja: como se parece, como você se sente nele e quais são os adjetivos que merece. Nesse relacionamento, como você vai tratar a pessoa amada e como ela vai tratar você? Que tipo de pessoa você quer na sua vida? E quais qualidades *você* vai desenvolver para atraí-la?
Faça isso diariamente, durante dez dias. Se quiser, continue a fazê-lo, e aumente o tempo do exercício mental.
Anote suas respostas às perguntas anteriores e reveja o que escreveu a cada dia. Pode fazer alterações em suas respostas, se preferir.

Você controla sua imaginação. Ao imaginar um ótimo relacionamento e um futuro brilhante para você e, além disso, agir em sintonia com isso, tenha a infalível certeza de que seu mundo será assim.

LEI 4

RELACIONAMENTOS SÓ PROSPERAM EM ESPAÇO SEGURO

Nós encontramos descanso naqueles que amamos
e oferecemos um lugar de descanso dentro de nós
para aquelas pessoas a quem mais amamos.

Bernard of Clairvaux, abade de Claraval, santo e doutor da Igreja
(1090-1153)

O relacionamento prospera, declina, vive ou morre nas circunstâncias do ambiente. Se o ambiente em que vive seu relacionamento é duro e implacável, um lugar no qual o sarcasmo, a degradação e a raiva prevalecem, e a compaixão, a reflexão e o amor são escassos, então, ele irá declinar e morrer... dolorosamente. Morrerá da mesma forma que um jardim que não recebe água, nutrientes e luz. Sua generosidade, compreensão, boa índole, atitude de apoio, gentileza e conhecimento das Leis do Amor são os nutrientes e formam os vínculos para um relacionamento forte, cativante e duradouro. Quando combinados, eles criarão o ambiente adequado para um relacionamento bem-sucedido: um Espaço Seguro.

Apresento, a seguir, o ponto central da Lei do Amor referente ao Espaço Seguro: *aos seus olhos, o seu parceiro não comete equívocos nem faz nada errado*. Essa é a condição fundamental do Espaço Seguro. Isso não significa que seu companheiro não cometa equívocos, que faça coisas que você não concorda ou que magoem você ou alguém de quem gosta. O que isso quer dizer é que você deve encarar as atitudes de seu parceiro como se ele não tivesse feito nada errado, como se o que aconteceu estivesse correto para você.

Você não será áspero, agressivo, sarcástico, aviltante, tampouco manifestará repulsa pelo que ocorreu. Quando reagir, tenha em mente que aquela é a pessoa por quem você deseja ser amado completa, sincera e calorosamente. Você está falando com alguém com quem quer passar o resto da sua vida. Caso fosse capaz de escolher como seria tratado por seu companheiro, não preferiria ser abordado com amor, gentileza, grande ternura e completa consideração – não importa o que tivesse feito?

O nível de Espaço Seguro que você oferece para a pessoa que ama é o mesmo em que prosperará o relacionamento e o mesmo que você verá nos olhos e no coração de seu companheiro. Quando você deixa de oferecer o Espaço Seguro, cria um ambiente no qual seu relacionamento vai diminuir, agonizar e morrer. Se você não oferecer um refúgio de Espaço Seguro, a pessoa amada ficará com medo de você e sentirá temor de cometer equívocos, o que, com certeza, fará com que tais erros sejam realmente cometidos. Caso você queira entrar nesse mundo rarefeito – o paraíso dos relacionamentos –, no qual somente uns poucos chegaram e pouquíssimos se mantêm, deve adotar *completamente* a condição do Espaço Seguro.

Ao se guiar pela lei de que os relacionamentos só prosperam no Espaço Seguro, você não ficará aborrecido ou com raiva quando seu parceiro agir de forma errada, porque você sabe que vai ter que relevar. Na verdade, vai ter que dar um desconto total, se quiser ser amado. A criação do Espaço Seguro requer nada menos do que você se tornar a pessoa que olha com tranquilidade para as deficiências do companheiro. Portanto, aquele que constata os aparentes erros, omissões, tolices, falhas e até mesmo os equívocos e transgressões intencionais, e faz tudo ficar tranquilo e em ordem.

Fazendo seu amor ser sentido

A essa altura, devem ter surgido na sua memória milhares de exemplos de seu atual relacionamento ou dos anteriores. Você pode simplesmente dizer: "E isso e aquilo, eu deveria fingir que não vi acontecer? Devia só responder com gentileza: 'Está bem, querido, não tem o menor problema se você continuar a mentir para mim?'". Ou então: "Não se preocupe, amor, por não ter pago as contas em dia, mês após mês, e estar arruinando nosso crédito. Entendo que você está sempre muito ocupado com seus amigos e continuo a amar você do mesmo jeito".

Mentir não está certo. Arruinar nosso crédito não está certo. Dirigir sem cuidado não está certo. Ser desrespeitoso ou antipático não está certo. Negligenciar coisas importantes não está certo. A cooperação não é um sentimento; é uma necessidade essencial. Quando as transgressões e outros erros continuam a acontecer, apesar dos melhores esforços para ajudar seu parceiro a corrigi-los, então, eles entram no domínio dos "quebradores de acordo".

Antes dos exemplos anteriores tornarem-se "quebradores de acordo", quando ainda estão no estágio de aborrecimento e de tolerância, é essencial que você crie um Espaço Seguro para seu parceiro. Assim, não corre o risco de parecer descuidado, difícil no trato ou de dar a entender que não ama realmente o outro. A maneira que você trata seu companheiro quando essas coisas acontecem vai determinar o grau de amor e respeito que receberá dele.

No sentido mais amplo, todos os eventos são partes da perfeição irrevelada do Universo, partes do processo de crescimento. Agindo de acordo com essa verdade e aderindo cuidadosamente ao que leu a respeito do Espaço Seguro, seu companheiro vai adorá-lo, amá-lo, vai querer ficar perto e será eternamente agradecido por você ser a pessoa compreensiva, indulgente e amada que ele sempre desejou e sonhou – de forma consciente ou inconsciente. Seu parceiro vai falar sobre você sempre com palavras de grande encantamento e ternura. Você terá conquistado o amor da sua vida.

Oferecer Espaço Seguro para alguém é, na verdade, um ato do mais completo egoísmo. O que você busca é ser amado completamente pela pessoa que você ama. Na verdade, você é o beneficiário direto da criação do Espaço Seguro, pelos seguintes motivos: em primeiro lugar, vai viver e experimentar o amor de alguém que é livre para crescer e se desenvolver no Espaço Seguro que você criou. Em segundo lugar, vai ver como é bom viver com uma pessoa que não tem medo de cometer erros e de se relacionar. Isso lhes dará a oportunidade de experimentar coisas novas pela vida. E terceiro: como seu parceiro vive ao lado de uma pessoa generosa e terna, ele também vai querer lhe oferecer um Espaço Seguro, igual ao que ele tem recebido de você. Como diz minha esposa, Lyn: "A parceria possibilita que você ame a si mesmo e à vida através do outro".

À medida que o Espaço Seguro for sendo criado, seu companheiro aumentará a confiança em você. Ele vai "conhecer" você – saber que o ama e que continuará a ser amado, não importando quais as suas atitudes, até mesmo aquelas que podem parecer aos olhos do mundo como equívocos, erros de avaliação ou transgressões intencionais.

REMOVENDO O MEDO DO SEU RELACIONAMENTO

Eis aqui um exemplo de como o Espaço Seguro se manifesta em um ambiente perfeito para um relacionamento. Suponhamos que seu parceiro pegou o carro novo para ir a um compromisso e se envolveu em um acidente sério. Quando você está comprometido com o Espaço Seguro, sua reação será: "Você está bem, isso é o que realmente me preocupa. Espero que não esteja aborrecido. Queria que soubesse que eu amo você, que é o meu tesouro. Eu andava tão preocupado em não estragar nosso carro novo e só agora me dei conta que o mais importante é que você está são e salvo. O carro é substituível, você não!".

Como você acha que seu companheiro reagiria? Eu sei como eu reagiria. Eu sentiria uma onda de amor e gratidão por ter alguém que realmente me ama, que pensa muito mais em mim do que no carro batido, para quem a primeira e principal preocupação é o meu bem-estar. Você não sentiria o mesmo?

A seguir, apresento outro exemplo de como criar um Espaço Seguro em seu relacionamento. Vamos dizer que você chegou ao aeroporto e acabou de descobrir que seu companheiro se esqueceu de trazer um documento com foto ou o passaporte para se identificar no embarque. Sua reação: "Sem problemas. Não era mesmo para a gente estar nesse voo. Já que só vamos poder viajar amanhã, vamos aproveitar para fazer uma celebração especial esta noite e tirar o melhor desse imprevisto de espera. Na verdade, estou até feliz de a gente ter perdido o voo. Vai acontecer algo de bom. Sabe, acho que me esqueci de trancar a porta dos fundos e esse tempo extra me dará a chance de verificar".

Então, ao longo daquele dia inteiro, procure encontrar novos motivos para se sentir bem porque perderam o avião. Diga frases como essas: "Vai ser preciso muito mais do que isso para começar a me deixar bravo. Você é meu parceiro perfeito e não quero que se sinta mal, nem mesmo um pouquinho, por qualquer coisa que tenha feito"; "Sabe de uma coisa? Se não tivéssemos perdido aquele voo nós nunca teríamos conhecido esse ótimo restaurante!"; ou "Se nós estivéssemos naquele avião, eu não teria recebido essa ligação importante do escritório".

O Espaço Seguro remove a apreensão dos ombros do seu companheiro. Todos nós sabemos como nos sentimos quando seremos repreendidos ou punidos por algo que fizemos de errado. *Esses sentimentos devem ser eliminados de seu relacionamento.* Tornando tudo o que seu parceiro faz em algo positivo, você estará removendo a principal causa de discussão dos relacionamentos. Não existe nada tão bom como o Espaço Seguro para criar e manter um relacionamento amoroso, gratificante e livre de estresse.

Lembre-se de criar um Espaço Seguro para você também. Não se esqueça de você mesmo. Não se puna desnecessariamente pelas coisas que fez e gostaria de não ter feito. Seja paciente com você. Dê-se o direito de estar feliz com você e com suas atitudes. Muitas vidas já foram arruinadas por sentimentos, como culpa, arrependimentos por oportunidades perdidas e todo aquele mundo de frases que começam com "eu poderia", "eu gostaria" e "eu deveria".

Para enxergar, olhe com o coração

É provável que a comunicação seja o aspecto mais importante para criar um relacionamento duradouro. Para ser capaz de comunicar-se com eficiência, é preciso contar com um ambiente de liberdade, uma atmosfera segura na qual você e seu parceiro possam trocar ideias, pensamentos e preocupações. Dentro desse ambiente seguro, cada um de vocês pode falar abertamente com o outro sem medo de provocar raiva, crítica ou represália.

Por exemplo, a pessoa que você ama lhe confidencia algo e, na semana seguinte, você usa a confidência como argumento contra ela. Assim, é possível que você destrua a atmosfera de confiança compartilhada e a abertura para a comunicação vai se tornar mais difícil, se não, impossível. Da mesma forma, se seu parceiro conta algo da história pessoal e você reage com raiva ou com crítica, também estará destruindo a atmosfera de confiança que permite que cada um de vocês possa trocar confidências.

Sua reação durante a comunicação com seu companheiro depende de como você vê e ouve – o que é bastante subjetivo. Você vê com os olhos, mas, para enxergar realmente, deve olhar com o coração. Quando você utiliza somente os olhos físicos, não vê realmente os objetos. Você vê os raios luminosos que batem nos objetos e que voltam para seus olhos. Os raios de luz que entram em seus olhos estimulam os cones e os bastonetes na retina que, por sua vez, geram impulsos elétricos transmitidos ao longo do nervo óptico até o cérebro. Seu cérebro recebe aqueles impulsos e forma uma imagem que você interpreta. É nessa etapa da interpretação que o uso do seu coração entra em cena.

Interpretar o que vê com o coração é o que possibilita sentir compaixão pelo sofrimento do companheiro, alegria pela felicidade dele e preocupação com suas necessidades específicas. É vendo e ouvindo com o coração que se aprende a perdoar, a dar um desconto a si mesmo e ao companheiro, a amenizar os julgamentos e refrear as conclusões precipitadas que podem levar ao erro. É vendo com o coração que se consegue amar com toda propriedade – com o coração repleto de gentileza, amor e carinho.

As palavras não conseguem expressar completamente nossos pensamentos. Dez pessoas podem descrever um cavalo, mas isso não nos dirá o que é exatamente um cavalo. Os sentimentos, em especial, são muito difíceis de serem transmitidos por palavras. Você pode dizer, "eu amo você", mas isso significa algo diferente para cada um de nós. Você será mais exitoso em comunicar seus pensamentos se for sincero e falar com o coração, sem intenções escondidas ou camufladas. Quando se trata de comunicação, a palavra "intenção" é crucial. Falar com honestidade, sem adulação ou trapaça, sem intenção de enganar e com o sincero desejo de comunicar seu amor, fará com que você seja bem-sucedido em transmitir seus pensamentos sem o risco de ser mal compreendido. É uma grande vantagem aprender a usar as palavras verdadeiras, porque ali estão as suas melhores chances de ser entendido e acreditado.

Outro ponto-chave para criar um Espaço Seguro na comunicação é propiciar uma abertura para ouvir o que seu companheiro tem a dizer. O Universo se comunica de muitas formas e, de vez em quando, é pela voz dos outros que você aprende o que precisa saber. Estar aberto ao que o outro tem a dizer, inclusive encorajando o *feedback*, é especialmente importante nos relacionamentos. É mais relevante ouvir do que estar sempre falando; aprende-se mais.

Fique alerta para não se fechar para as outras pessoas da sua vida com o sutil comportamento do sabe-tudo. Uma pessoa que fala como se já soubesse tudo afasta todos os seus ouvintes. Caso você aja assim, os outros o evitarão, e você perderá a oportunidade de receber a mensagem que podiam ter lhe transmitido – a mensagem que pode significar o sucesso ou o fracasso no seu relacionamento. Para criar um Espaço Seguro na comunicação, você deve se manter acessível ao diálogo e agradecer por toda nova informação recebida.

É certo que o desafio surge quando o que você recebe dos outros está em contradição com seus próprios pensamentos e expectativas. Quando isso acontece, pode ser que você não ouça com a atenção devida para perceber o valor do que está sendo dito a você. Lembre-se de que são *os pontos de vista alternativos os que têm maior potencial de lhe dar a melhor ajuda.*

Aqueles que avançam mais depressa em suas jornadas são os que caminham não só com uma das mãos para trás para ajudar os outros, mas também com uma das mãos estendidas à frente para receber auxílio. Essa ajuda pode vir na forma de avaliação ou de mensagens passadas por seu companheiro. O seu relacionamento vai se beneficiar imensamente, quando você for capaz de ouvir com cuidado e avaliar o *feedback* proporcionado por seu parceiro, procurando a forma de aplicá-lo melhor em sua vida. Além disso, ouvindo com atenção, você honra seu companheiro e, como benefício extra, conquista seu respeito. Ele respeitará e amará você, quanto mais for capaz de ouvir e apreciar o que ele tem a dizer.

Ação para a Lei 4
Relacionamentos só prosperam em Espaço Seguro

O poder da comunicação livre e aberta

Nunca ficamos tão vulneráveis como quando confiamos em alguém – mas, paradoxalmente, se não pudermos confiar, nunca encontraremos o amor e a alegria.

Walter Anderson, editor (1944-)

Uma forma de começar a criar um Espaço Seguro no relacionamento é estabelecer algumas regras básicas com seu companheiro, com o objetivo de garantir que os dois possam comunicar, livre e abertamente, um ao outro, os pensamentos e sentimentos – sem crítica, raiva ou medo de represália. A seguir, estão alguns passos que você pode dar para iniciar esse processo:

- Diga ao seu companheiro que você quer criar um Espaço Seguro para vocês dois, eliminando o medo do relacionamento e dando abertura para que sejam livres para crescer, aprender e amar.
- Explique que, embora isso requeira um pouco de prática, você está comprometido com a ideia de possibilitar que seu parceiro expresse seus medos, preocupações e sentimentos sem ouvir críticas e sem que você tente interrompê-lo.
- Pegue algumas folhas de papel e escreva em cada uma delas: Espaço Seguro. Cole-as nos lugares que você passa e olha regularmente, ou seja, no espelho do banheiro, no teto solar do carro, na carteira de dinheiro ou na carteira de habilitação, sobre a mesa que você come e na que trabalha. Essas folhas são um lembrete para que você mantenha esse conceito bem vívido em sua mente, sempre que interagir com seu companheiro. Na verdade, o conceito de Espaço Seguro é valioso para qualquer interação, com qualquer pessoa.

- Na próxima vez em que ficar tentado a se aborrecer ou julgar qualquer coisa que seu companheiro tenha ou não feito, lembre-se de seu compromisso de oferecer um Espaço Seguro. Você pode até dizer em voz alta: "Essa é uma boa situação para praticar o Espaço Seguro. Vou parar e ouvir agora sem culpar ou julgar você. Por favor, me conte o que acontece e como você se sente".
- Sejam pacientes um com o outro. Criar um Espaço Seguro requer prática – e você terá muitas situações para treinar. Quanto mais você se sair bem, mais satisfeito ficará pelo paraíso de segurança que estará criando e mais agradecido ficará seu parceiro por compartilhar a vida com alguém tão especial como você.

LEI 5

RELACIONAMENTOS BEM-SUCEDIDOS PÕEM O PASSADO ÀS CLARAS

O passado não é uma bagagem que se possa jogar fora.

Emily Elizabeth Dickinson, poetisa americana (1830-1886)

Um dos principais requisitos para um relacionamento bem-sucedido é que você e seu companheiro conheçam e entendam um ao outro à luz de suas experiências passadas. Suas vivências anteriores criaram impressões e padrões de comportamento trazidos para o relacionamento atual, afetando-o – para o bem e para o mal – de diversas maneiras. Isso inclui os relacionamentos com pais e amigos, assim como com outras pessoas, especialmente as relações amorosas, que foram modelando você e seu parceiro. Como cada um tem experiências próprias, reagirá de forma diferente aos novos fatos que acontecerão no relacionamento. Compreender por que cada pessoa reage de um jeito é um fator crítico para ser capaz de lidar com os comportamentos do outro e ajudá-lo a trazer a dor que pode estar latente à superfície e a superá-la.

Relacionamentos gratificantes e bem-sucedidos precisam iluminar o passado. Está aqui um exemplo de como compreender o passado pode fazer toda a diferença ao longo de um relacionamento.

Paulo e Mariana viviam juntos havia três anos e eram muito felizes, a não ser no Natal, Ano-Novo, Semana Santa, Páscoa – ou seja, os feriados eram marcados por brigas. Mariana começava as discussões sem razão aparente, destruindo a harmonia dos dias de folga. Paulo era todo cuidadoso para evitar os conflitos nos feriados, mas não importava quanto se esforçasse, não conseguia impedir o desastre.

Entre os dois, Mariana, com certeza, tinha a personalidade mais forte. Ela era uma agressiva vendedora de seguros, enquanto Paulo trabalhava como programador de computação e se mostrava tranquilo e pouco assertivo. Nessas ocasiões, ele se sentia desamparado e não sabia como evitar as discussões. Pediu, então, que Mariana procurasse ajuda, mas a sugestão só conseguiu deixá-la com raiva.

Ele próprio buscou a ajuda de um psicólogo e foi orientado a conversar com Mariana sobre os feriados que ela passava com a família. Para criar uma atmosfera segura para que ela falasse sobre o assunto, começou a conversa lembrando o tempo em que ele passava os feriados com os pais. Depois de escutar as boas lembranças dele, Mariana comentou que os feriados junto com a mãe e o padrasto eram sempre cheios de raiva e brigas. Os pais de Mariana tiveram um divórcio complicado quando ela tinha apenas 4 anos e sua mãe voltou a se casar um ano depois. A mãe e o padrasto se mudaram para longe e ela raramente via o pai. Quando Paulo quis saber por que os feriados com a mãe e o padrasto eram tão ruins, Mariana se recusou a falar e se mostrou distante.

Sabiamente, Paulo não forçou o assunto, mas entendeu que estava no caminho certo. Alguns dias mais tarde, ele voltou a falar sobre os bons momentos que passara com os pais nos feriados. Passados alguns instantes, Mariana comentou novamente que, para ela, essas ocasiões eram sempre desastrosas. Com tranquilidade, Paulo apenas reagiu: "É mesmo?..." e ela, finalmente, encontrou as palavras para lhe contar sua história.

Como o passado modela o presente

O padrasto de Mariana era um militar aposentado, que enxergava a si mesmo como um homem durão, um severo capataz. Infelizmente, também tinha uma natureza um pouco sádica. Logo depois de casar com a mãe de Mariana, ele começou a dominar mentalmente a menina que estava com 5 anos. Sua estratégia favorita para conseguir que ela fizesse tudo o que ele queria era criar a ilusão, por exemplo, de que havia comprado um maravilhoso presente.

Ele costumava dizer, por exemplo: "Espere para ver o presente que lhe comprei de Natal! Você vai adorar!". E fazia isso com uns quatro ou cinco meses de antecedência. Então, quando queria que a menina fizesse algo que ela não gostava, ameaçava: "Se você não fizer isso, não vai ganhar o presente de Natal que lhe comprei!". Ele fazia constantemente esse tipo de ameaça até a manhã do Natal, quando arranjava uma discussão desagradável. Como resultado, Mariana não recebia o tal maravilhoso presente, não importando quão bem tivesse se comportado. O padrasto arruinava o Natal e colocava a culpa em Mariana.

Da mesma forma, ele costumava prometer feriados prolongados maravilhosos. Ele falava durante semanas sobre a viagem que fariam e sobre toda a diversão que teriam juntos. Então, quando queria que Mariana o obedecesse, ameaçava cancelar a viagem: "Se você não fizer o que eu estou mandando, não vai haver viagem no feriado!". Ele se comportava dessa forma até o dia da viagem. Então, provocava uma briga, cancelava a diversão e culpava Mariana.

A mesma situação acontecia não apenas no Natal e no Ano-Novo, mas em todos os feriados prolongados e em todas as férias escolares. Esse comportamento torturante continuou até que Mariana completou 10 anos e começou a se rebelar. Ela não esperava mais que o padrasto arruinasse os dias de folga; ela mesma tomava a iniciativa bem depressa. Assim, ela tentava se proteger do desapontamento e da mágoa. Sempre que seu padrasto prometia uma viagem, ela esperava pelo dia e, então, criava uma briga terrível para estragar tudo. Como ela já sabia que ele ia agir assim, isso a poupava da decepção que poderia sentir. Tratava-se de um comportamento condicionado que Mariana estava trazendo para o relacionamento com Paulo.

COMPAIXÃO INTENCIONAL

Paulo contou ao psicólogo sobre a experiência de Mariana com o padrasto e os dois criaram um plano para ajudá-la a superar o problema. O Natal, sempre uma boa época para as brigas, estava próximo. Uns dias antes dos feriados de final de ano, ele a levou para jantar e perguntou se podia falar sobre uma questão delicada. Disse que sabia que era complicado, mas como garantiu que era importante para os dois, ela concordou. Paulo contou que a sua última namorada, antes de se casar com Mariana, havia lhe dito que ele jamais teria um relacionamento duradouro porque não era confiável.

Ele, então, explicou a Mariana que procurou a ajuda de um psicólogo logo depois desse rompimento e que isso foi importante para conseguir superar as experiências anteriores. Com o apoio de um profissional, foi capaz de perceber que sua mãe mentiu a vida inteira para seu pai e que ele estava reproduzindo o mesmo comportamento em seus relacionamentos. Assim que percebeu isso, conscientizou-se de que estava destruindo os relacionamentos. Prometeu nunca mais agir desse jeito e essa era uma das principais razões para os dois agora terem uma relação tão boa e forte.

Paulo explicou que estava contando tudo isso a Mariana porque ela também tinha padrões de comportamento adquiridos na infância, que estavam afetando o relacionamento deles. Quando criança aprendeu a criar problemas durante os feriados em família para se proteger e agora estava reproduzindo esse comportamento no casamento.

Pouco a pouco, Paulo conseguiu fazer com que Mariana falasse sobre os feriados desastrosos e explicou que, como não pretendia machucá-la, ela não precisava mais se proteger. Mariana chorou, Paulo abraçou-a e disse sentir muito ela ter passado tudo aquilo na infância. Como o Natal estava próximo, disse que, se ela conseguisse confiar nele, os dois teriam um dia bem tranquilo, cuidando com carinho um do outro.

Os feriados foram um sucesso, um sucesso amoroso que continuou a se realizar nos feriados seguintes. Ao ser intencionalmente paciente e compassivo, Paulo criou o Espaço Seguro para que Mariana se abrisse e deixasse para trás os padrões doentios de comportamento dos quais não precisava mais. Sem colocar às claras as terríveis experiências de Mariana com seu padrasto, os dois continuariam a sofrer e se aborrecer nos feriados por muitos anos ou destruiriam completamente o relacionamento.

Ação para a Lei 5

Relacionamentos bem-sucedidos põem o passado às claras

O poder de compartilhar as histórias de vida

Aqueles que não conseguem relembrar o passado estão condenados a repeti-lo.

George Santayana, filósofo, poeta e ensaísta espanhol (1863-1952)

Todos nós passamos por experiências dolorosas que modelam nossas reações nos relacionamentos atuais. Para criar o belo relacionamento que tanto desejam, você e seu companheiro devem compartilhar suas histórias de vida, sem omitir nada. Esse compartilhamento inclui qualquer vivência anterior de brutalidade, trauma, estupro, incesto, tortura emocional ou mental e todo tipo de experiências danosas que tenham vivido, assim como aquelas lembranças maravilhosas e felizes. Ajudará muito o relacionamento a crescer, se vocês conversarem uma vez por semana sobre os seguintes temas:

- As experiências que fizeram cada um de vocês se sentir abusado, prejudicado ou magoado.
- As experiências que fizeram cada um de vocês se sentir especial e cheio de alegria.
- As coisas que seus pais faziam ou diziam que deixavam vocês se sentirem especiais ou alegres.
- As coisas que os companheiros de seus pais faziam ou diziam que deixavam cada um de vocês se sentir especial ou alegre.
- Qualquer coisa que faça com que seu companheiro tenha uma ideia mais clara de quem você realmente é.
- Qualquer coisa que faça com que você tenha uma ideia mais clara de quem seu companheiro realmente é.

- As esperanças que você teve durante muitos anos, inclusive daquelas que já abriu mão.
- As esperanças que seu companheiro teve durante muitos anos, inclusive daquelas que ele já abriu mão.
- Suas fantasias, devaneios e aspirações, não importam quão irreais ou impossíveis possam parecer.
- As fantasias, devaneios e aspirações de seu companheiro, não importam quão irreais ou impossíveis possam parecer.
- Tudo aquilo que faz você se sentir bem e especial.
- Tudo aquilo que faz seu companheiro se sentir bem e especial.

Deixe a luz do passado iluminar seu relacionamento de modo que você vai saber como tratar o outro no presente para criar a relação amorosa e duradoura que você deseja.

LEI 6

O UNIVERSO É PERFEITO E TRABALHA A SEU FAVOR

O mundo... não é imperfeito e nem segue vagarosamente em busca da perfeição: não, ele é perfeito a todo momento... Tudo é como tem que ser. O mundo precisa apenas do meu consentimento, apenas da minha disposição, da minha concordância amorosa para ser bom comigo.

Hermann Hesse, escritor alemão (1877-1962)

O Universo é perfeito. Essa é sua condição permanente da qual jamais se desvia. Vai da perfeição para a perfeição e segue para a perfeição, formando uma corrente indestrutível de perfeição. Quando você quer saber se algo é perfeito, faça duas perguntas: *Isso existe?* Se existe, é perfeito. *Isso acontece?* Se acontece, é perfeito. *No sentido universal, tudo o que é, foi ou virá a ser é perfeito. O melhor evento possível é o único que pode ocorrer*. A lei de que o Universo é perfeito e sempre trabalha a seu favor, por si só, sem nenhuma explicação, talvez não ajude muito. Mas, quando você compreender esse conceito, ele será o mais libertador que já conheceu. Ao conseguir viver por esse conceito, você conhecerá a verdadeira felicidade e terá uma vida livre de estresse. Vai ser quase impossível *não amar* você porque, ao agir em harmonia com essa lei, será capaz de criar o Espaço Seguro que seu relacionamento perfeito necessita para crescer e florescer.

O conceito de que o Universo é perfeito é o mais importante no meu negócio, no meu casamento e na minha vida. Eu aplico essa ideia a tudo que faço; é a base de todo meu padrão de pensamento. Governa minha resposta aos eventos e minha interação com as pessoas, mantendo-me tranquilo e feliz. Sintetizo minha filosofia em uma frase: "Sou um ser perfeito em um Universo perfeito no qual tudo que acontece me beneficia".

Ao ler isso, você pode pensar que, miraculosamente, minha vida tem sido isenta de dor e sofrimento. Nem tanto. Eu também já vivenciei choques e traumas, a maldade e as tragédias de infância, os ossos quebrados e as operações, o abandono, a vergonha, a crueldade, a violação, o embaraço, o ridículo, o espancamento, a perda da alegria, a decepção, a malícia, a traição, a solidão e todos aqueles milhares de eventos que todos nós herdamos. A diferença entre nós, se é que existe, é que ao longo dos anos eu aprendi a chegar a uma conclusão diferente a respeito de tudo isso.

O que "é" simplesmente "é". Assim como o tempo, nada volta atrás, pois não é possível um evento desfazer-se por si mesmo. Tudo o que você pode fazer, sem exceção, é reagir a isso, gostando ou desgostando – isto é, considerando o evento "bom" ou "ruim", de "sorte" ou de "azar". Está além do seu poder alterar os eventos que causam seus sentimentos, nem que seja só um pouco. Quando um ovo se quebra sob seus pés, não é possível mais consertá-lo.

Tudo que acontece beneficia você

Lembra-se daquele pequeno conto sobre o ovo Humpty Dumpty, que se sentava empoleirado em um muro alto? "Humpty Dumpty sentado no muro, Humpty Dumpty caiu lá de cima. Todos os cavalos e homens do rei não poderiam colar Humpty Dumpty de novo." Mesmo que o ovo pudesse ser colado, ainda que com perfeição, o evento não deixaria de ter ocorrido. Não é possível fazer o tempo retroceder e colocar Humpty Dumpty novamente sentado no muro, como se nunca tivesse caído. O evento não pode ser desfeito. O que você *pode* mudar são os sentimentos a isso relacionados.

Vamos supor que Humpty Dumpty tenha sido um de seus melhores amigos. Suponhamos que você vai sentir muita saudade dele. Vamos imaginar que ele tenha cuidado de você e agora partiu. Você tem duas escolhas. Primeira: a cada momento, você lamenta a perda dele, sofre com as lembranças, entristece sua mente com esses pensamentos, sente falta de tudo de bom que ele fez por você, torna-se a cada dia mais desanimado até que decide que não consegue mais viver sem ele e se mata.

O segundo cenário é o seguinte: você acorda pela manhã, vê o Sol brilhando de forma maravilhosa, sente o aroma fresco das flores, o orvalho na grama e decide fazer uma caminhada, respirando a beleza da natureza. Você pensa em Humpty Dumpty, lembra todas as coisas boas que ele fez por você e sente uma onda de gratidão por esse Universo maravilhoso que o colocou em sua vida por todos aqueles anos tão felizes.

Enquanto pensa sobre sua vida com Humpty Dumpty, também percebe que, na verdade, acabou dependente dele, esperando por tudo o que ele fazia por você. E, embora sinta saudade dele, agora está livre para se lançar em seu próprio caminho e abrir as asas para voar. Não tem mais que viver sob a proteção daquela grande parede, na sombra dela, esperando por Humpty Dumpty. Você decide se mudar para a praia e realizar aquele antigo desejo de viver como um caiçara ou aprender uma nova ocupação, aquela que ele jamais quis que você realizasse. Se você assim fizer, logo vai agradecer por Humpty Dumpty não estar mais por perto, porque vai descobrir como é maravilhoso sair da própria concha. Ele foi para o próximo estágio de sua jornada de vida e você segue o seu; um dia irá atrás das pegadas dele, quando a sua trajetória nesse planeta chegar ao fim.

A eternidade é feita de uma série infindável de "agoras". Não é sempre "agora"? Preencha seus "agoras" com pensamentos felizes e sentimentos de gratidão e terá aprendido a grande verdade da existência: *você é um ser perfeito em um Universo perfeito onde tudo que acontece beneficia você.*

Assumindo o controle dos seus pensamentos e sentimentos

Para que compreenda realmente o conceito de que tudo que acontece beneficia você, será útil saber como cheguei a tal conclusão e comecei a mudar como pensava e sentia os eventos acontecidos ao longo da minha vida. O início da minha iluminação se deu quando eu estava na sexta série. O ano em que fui violentado.

Eu estava cheio de humilhação, vergonha, ódio e raiva. Minha autoimagem estava arruinada. Eu nunca mais vi a pessoa que me violentou; logo depois do incidente, ele se mudou, deixando para trás a minha vida em ruínas. Dia após dia, eu era atormentado por pensamentos de morte, eu o matava de todas as maneiras imagináveis, com vagar e tortura. Aqueles pensamentos tomavam conta da minha mente tão logo eu acordava. Os anos se passaram e eu ainda me contorcia de agonia interior, não conseguia me livrar do espectro daquela violação, que considerava ser a destruição da minha masculinidade, da minha autoimagem.

Um dia, quando estava com 14 anos, sentei sob uma árvore para fazer aquilo que costumava fazer – visualizar a tortura daquela pessoa – quando, de repente, recebi do Universo o presente mais maravilhoso. Percebi que estava me torturando com aquela dor mental contínua e angústia profunda, apesar de o violentador já ter partido e de o evento já ter ocorrido há bastante tempo. Eu estava fazendo isso para mim mesmo!

Naquele dia, naquele instante, eu parei de me destruir. Um peso enorme foi retirado de meus ombros. Consegui me libertar da minha miséria como um raio de sol que escapa por entre as nuvens de um dia frio e escuro. De repente, eu estava livre. Ri, levantei e gritei: "Sim! Que babaca que eu tenho sido. Que idiota!".

Pela primeira vez na vida, assumi o controle de meus pensamentos. Meu cérebro, no entanto, estava tão traumatizado e o hábito tão enraizado que eu continuei a conjurar todas as dores físicas para aquela pessoa. Conforme eu lutava para evitá-los, recusando-me a permitir que meu cérebro continuasse a tortura, aquelas ideias foram se tornando mais raras. Até que consegui, finalmente, eliminá-las.

Ao longo dos anos que se seguiram, sempre que algo me magoava, envergonhava, quando me tiravam alguma coisa ou quando sentia qualquer dor mental, perguntava se não era eu mesmo que estava causando aquele mal-estar contínuo. A resposta sempre foi "sim". Então, fazia o melhor para conseguir parar de me torturar. Nem sempre consegui vencer essa guerra, porque minha imaginação era poderosa e sua programação antiga estava totalmente ativa (como a sua), e sempre tive dificuldade para controlar meus pensamentos, especialmente quando alguém me magoava e eu queria me vingar. Era como se o meu cérebro estivesse no comando, não eu. Sentia-me como se fosse forçado a ver e sentir o que ele estava transmitindo, como se fosse um filme dentro da minha cabeça. Conforme o tempo foi passando, tornei-me mais eficiente para encerrar rapidamente tal tipo de sofrimento.

De vez em quando, eu me dava conta de que algo que parecia ruim, na verdade, acabava se tornando um grande benefício para mim. Passei a procurar outros incidentes na minha vida que de início pareciam negativos, mas que se viravam a meu favor. Ao olhar com mais calma e profundidade, cheguei à conclusão de que todos os eventos, não importa quão ruins parecessem na ocasião, acabavam me beneficiando de alguma forma. Foi, então, que a grande descoberta aconteceu: percebi que tinha que ser grato pela violação, porque recebi o melhor, mais maravilhoso e libertador presente como resultado daquele evento. Aquele incidente, por mais terrível que tenha sido, colocou-me na trajetória de tudo que se seguiu na minha vida, inclusive escrever este livro.

A descoberta da "perfeição"

Já mencionei que, antes de mudar para longe da influência de Bea, introduzi-me no antigo livro da sabedoria chinesa, chamado *I Ching*. Quando a escrita chegou à China em 3000 a.C., o *I Ching* foi o primeiro registro. Antes disso, ao longo de milhares de anos, seu conhecimento era transmitido pela tradição oral. O *I Ching* é um dos ramos mais antigos da sabedoria. Estudei-o não somente por sua sabedoria e pelo fato de conter muitas Leis Universais, mas também porque nele encontrei meu código moral – o que os sábios anciões chineses chamam de "o modo de ser das pessoas superiores". O termo "pessoas superiores" não significa aquelas que se dão ares de pompa e circunstância, mas, sim, quem vive de forma virtuosa.

Conforme aumentava meu entendimento, percebi que as Leis Universais governam tudo. Assim que apreendi isso, tornei-me capaz também de observar e compreender muitos outros aspectos do mundo. Por exemplo, aprendi que todas as leis estão a favor da continuidade do Universo (um ponto que já mencionei na Lei 1). Como sabemos que isso é verdade? Porque o Universo continua. Como o Universo tem estado em sua forma atual ao longo dos últimos 13 bilhões de anos, há pouca margem para dúvida a respeito da perfeição de sua construção.

Para que nosso Universo continue, ele só pode permitir a ocorrência dos melhores eventos possíveis, os eventos perfeitos, a todo instante. Se fosse de outra forma, ele estaria em perigo porque um evento imperfeito levaria a outro, a dois, três, quatro e assim por diante até ocorrer, de fato, sua própria destruição. A continuação do Universo depende da lei que determina que o melhor evento possível é o único que pode acontecer.

No sentido universal, *tudo é perfeito e isso inclui você*. Pode ser que você só tenha um braço; você é, então, o ser humano perfeito com um braço só.

Levando mais longe a ideia de que o Universo é construído para continuar a existir, pode-se afirmar que a cada momento ele se oferece o máximo benefício possível. Como você é uma parte integrante e inseparável do Universo, o mesmo se aplica a você: *tudo o que acontece traz a você o máximo benefício possível.* Até mesmo quando um incidente magoa, envergonha ou toma algo de você, isso sempre será para o seu máximo benefício, porque o Universo não permite que nada de ruim aconteça a ele mesmo e você é "ele mesmo".

Conforme a passagem das décadas, continuei a viver de acordo com essa filosofia e ela se enraizou em todas as circunstâncias da minha vida, até mesmo quando o que eu acredito é jogado ao fogo – às vezes, diariamente.

VOCÊ ESTÁ ABERTO AOS BENEFÍCIOS?

Uma das dicas de sabedoria que aprendi ao longo da vida é que, enquanto estiver bravo ou magoado em relação a um evento – seja o relacionamento ou outro aspecto da vida – você não será capaz de ver o benefício e talvez se desgaste em resistências desnecessárias. O evento é o máximo benefício para você, a partir do momento que ocorre. Repito: um evento é somente um evento; a maneira com a qual você reage a ele é que determina o resultado final em sua vida. Uma vez que um evento ocorre – como você não pode alterar o passado –, tudo o que resta a você é sua reação a ele.

Como os eventos de sua vida ocorrem para seu máximo benefício desde o início, por que não responder a essa verdade? Se fizer isso, vivenciará imediatamente bons sentimentos em relação ao evento e, ao agir assim, poderá agilizar o fim daquele momento sem desperdiçar intermináveis horas, dias, até mesmo meses e anos, lamentando-se por algo que desde o começo era para seu total benefício.

Vamos supor que você está se sentindo muito bem e teve um bom dia. Voltou para casa de bicicleta e a deixou na calçada, quando um motorista perde a direção e passa por cima dela. Toda ação produz uma reação: é uma Lei Universal. Portanto, quando você reage ao fato de a bicicleta ter sido quebrada, ou a qualquer outro evento, como se fosse vítima de má sorte, você está, na verdade, sinalizando ao Universo para que lhe responda como vítima. Você vai considerar que a reação do Universo é lhe enviar ainda mais má sorte, mas, na realidade, *você está causando essa resposta pela sua reação inicial.*

Por outro lado, se você disser: "Ok, está perfeito!" e realmente quiser dizer isso, você estará reagindo ao evento como se fosse uma coisa boa para você. O que acontece então? Como o Universo é obrigado a responder a você exatamente como está reagindo a cada momento, quando você responde de forma positiva, surgem outros aspectos mais agradáveis, todo o potencial positivo que você passa, então, a experimentar.

Para compreender detalhadamente o funcionamento, simularemos a situação da bicicleta quebrada em um cenário exagerado. Primeiro, vamos imaginar que, quando você viu o carro perder a direção, saiu correndo de dentro de casa, arrancou o motorista da direção e teve uma briga com ele. A polícia foi chamada, você foi preso e acabou sendo sexualmente molestado na cadeia. Você mata a pessoa que o violentou e pega prisão perpétua. Essa opção está totalmente exagerada. É ridícula, eu sei, mas vamos acompanhar o raciocínio.

Vamos ver, então, uma opção mais leve. Você vai até a porta do carro do motorista que atropelou sua bicicleta. Ele está apreensivo, aguardando sua reação. Você sorri e diz: "Está tudo bem, não se preocupe". Sua resposta inesperada provoca uma onda de gratidão no motorista. Você se apresenta e ele, agradecido, se oferece para pagar o estrago na bicicleta. Sua resposta é a seguinte: "Está bem, eu aceito. Mas antes vamos ver se isso não aconteceu porque nós precisávamos nos conhecer".

Como resultado, você e o motorista se tornam amigos para toda vida, você casa com a irmã dele, tem uma linda família e passam juntos momentos de grande prazer. Além disso, vamos imaginar que – sem que você jamais venha a saber – o parafuso do pneu da frente estava meio solto e, da próxima vez que fosse andar de bicicleta, sofreria um acidente grave ao descer uma ladeira. Portanto, o atropelamento da bicicleta por aquele motorista acabou salvando sua vida.

Aja de acordo com a crença de que todo evento só ocorre para beneficiá-lo ao máximo e você fará com que isso aconteça. *Você é inteiramente responsável pelas consequências de cada evento.* Como escreveu William Shakespeare: "Nada é bom ou ruim, é o seu pensamento que torna os fatos assim".

Eis outro exemplo de como tudo isso funciona. Há cerca de vinte anos, meu filho, Pax, e seu amigo, Aaron, estavam em casa comigo, quando o telefone tocou. Eu atendi e percebi que a pessoa havia chamado o número errado. O homem que ligou pediu desculpas e estava pronto para desligar, quando eu disse: "Espere! Talvez não seja o número errado; talvez nós tivéssemos que conversar. Pode ser que seja uma boa coincidência!". Conversamos por alguns minutos, contando um pouco sobre cada um de nós e, então, despedimo-nos porque não encontramos nenhuma conexão, embora tenhamos dado umas boas risadas por causa do engano telefônico.

Passados muitos anos, quando Aaron já estava com 27 anos, ele recebeu uma chamada para o "número errado". Ao se lembrar da minha reação naquele dia, ele disse: "Espere! Talvez não seja o número errado. Talvez a gente tenha que conversar um pouco!". Depois de falar alguns minutos com a garota que ligara por engano, descobriu que ela era chefe de torcida do time de futebol Miami Dolphins. Como sempre tivera o desejo de namorar uma chefe de torcida, no dia seguinte, Aaron, que sempre viveu em Los Angeles, estava em um avião para a Flórida. Eles passaram juntos um pouco mais de uma semana e acabaram morando juntos.

Em todos os aspectos: ao se abrir aos benefícios dos eventos inesperados, você se libera para receber as oportunidades que passam pela sua vida. Além disso, essa atitude vai preencher seus dias com expectativas positivas.

Comece com pequenas coisas

As perguntas que costumo ouvir em resposta ao conceito de que o Universo é perfeito são as seguintes: "Se o Universo é perfeito, o que dizer de Hitler e do holocausto?"; "E sobre o atentado de 11 de setembro?"; "E sobre o tsunami que matou milhares de pessoas na Tailândia?"; "E sobre as crianças que morrem de câncer?"; "Então, por que eu sinto dor?"; "Por que meu pai morreu quando eu tinha apenas 7 anos?"; "Por que meu gato foi atropelado?"; "Por que meu marido me deixou depois que eu entreguei a esse relacionamento os melhores anos da minha vida?"; "E se o Universo é tão perfeito por que existem tantos conflitos, guerras e sofrimentos?".

São questões difíceis. Observando-se os eventos no mundo e em nossas próprias vidas, parece não existir tal perfeição no Universo. Todos nós vivenciamos o que se apresenta como má sorte, desamparo e até tragédia. Todos nós ouvimos mentiras, fomos enganados, magoados e até traídos por quem amamos. Diante de fatos como esses, como o Universo poderia ser perfeito?

A resposta mais simples é que, de alguma forma, mesmo que não vejamos de imediato, esses eventos fazem parte dos desdobramentos do Universo e é apenas a nossa percepção que está incompleta. Não pense assim: "Bom, se minha percepção é falha e eu sou parte do Universo, então, significa que o Universo tem falhas". A resposta para esse questionamento é que sua percepção é perfeita para você naquele momento do tempo; na verdade, sua percepção não é falha, apenas está em processo evolutivo.

Como é que você pode acreditar que o Universo é perfeito? Comece pelas pequenas coisas: a carteira perdida, o relógio quebrado, o ônibus ou o avião perdido, o tropeção, o vaso quebrado, a bicicleta roubada, o gato ou o cachorro perdido, o para-lama amassado, o dedo cortado, a mentira ouvida. Mesmo diante do que normalmente consideraria má sorte, seja paciente e reaja como se fosse o melhor evento possível, porque sabe e confia que, no futuro, entenderá por que aquilo é positivo.

Sua recompensa por seguir essa crença é o aumento do controle consciente sobre todas as situações e uma visão muito mais agradável de um futuro luminoso e feliz e de lembranças prazerosas do passado que acompanham você, seguindo em frente com confiança e tranquilidade.

Como esse novo modo de pensar, sentir e agir influencia seu relacionamento? Você se lembra do exemplo dado na Lei 4, sobre o companheiro ou esposo envolvido em um acidente de carro? Em vez de ver esse evento como algo capaz de causar raiva, gritos, sarcasmo ou como busca de penalidades para aplicar, reaja como se fosse perfeito, dizendo: "Está tudo bem, meu amor. Você vai poder encontrar com seus novos amigos quando for levar o carro à oficina ou, quem sabe, o mecânico vai encontrar alguma peça que esteja precisando de conserto para deixar o carro mais seguro". Da mesma forma, se seu parceiro derrubar aquela relíquia que estava com sua família há seis gerações, você deve reagir aos eventos inesperados e achar o tom certo para responder: "Está tudo certo, querido. Eu já estava cansado de carregar aquele vaso em nossas mudanças de casa".

Ao reagir dessa forma, você mostra ao seu parceiro que pode confiar no Espaço Seguro criado entre os dois, não importando o que aconteça e também que você valoriza o relacionamento e o amor que compartilham mais do que qualquer perda ou perturbação. Tão importante quanto isso, esses incidentes não têm mais o poder de arruinar o seu dia, seu mês, seu ano, seu relacionamento ou sua vida.

Resignificando o passado

Um fator importante para praticar a lei "tudo o que acontece beneficia você" é aprender a ajustar o que você pensa e sente a respeito de eventos passados que ainda estejam incomodando. Uma vez, em Nova York, estava sendo entrevistado na televisão, rádio e jornal por causa do lançamento de meu livro *The alcoholism and addiction cure* e um dos repórteres que veio conversar comigo tinha bebido demais. Ele exalava álcool. Conversamos por umas duas horas e, quando a entrevista terminou, perguntei a ele por que bebia. Ele me disse que bebia porque havia sido vítima de uma oportunidade perdida quando mais jovem. Pedi, então, que me falasse mais a respeito.

Ele me contou que tinha tido a oportunidade de cursar a Universidade de Harvard e não a aproveitou. Atualmente, trabalhava como jornalista de forma eventual, porque seu trabalho real era dirigir um caminhão de entrega de alimentos, de madrugada, de segunda a sábado, um emprego do qual não gostava. Perguntei se era casado, disse-me que sim e que tinha seis filhos. Amava muito sua família, que era a alegria de sua vida, a melhor coisa que havia acontecido para ele.

Quis saber o que havia feito em vez de ir cursar Harvard; explicou-me que estudou em outra faculdade, menor e sem grande reputação.

"Nada de significativo aconteceu para você nessa faculdade?", perguntei.

"Sim", ele me disse. "Foi lá que eu conheci minha esposa."

"O quê?!", exclamei. "Você bebe porque deixou de cursar a Universidade de Harvard; em vez disso, conheceu sua esposa, que lhe deu seis crianças maravilhosas?" Então entendi todos aqueles seus anos de lamentação por um evento que, na realidade, trouxe-lhe um enorme benefício.

Depois de refletir por uns minutos, disse-me: "Sabe, você está completamente certo". Alguns meses depois, recebi uma carta da irmã dele, contando que o irmão havia abandonado a bebida e estava mudado. Conseguira se libertar do vício do álcool quando percebeu que a vida não estava conspirando contra ele, mas, ao contrário, trabalhando a seu favor durante todo o tempo.

Você se sente preso porque acredita que o rumo de um relacionamento, uma decisão que tomou no passado ou qualquer outro evento anterior arruinou o resto de sua vida? Muitas pessoas ainda carregam mágoas ou rancores de relacionamentos passados. Lamentam o divórcio ocorrido há muitos anos, apesar de estarem casadas novamente e felizes. Outras acham que a melhor parte da vida ficou para trás, porque alguém que amavam as abandonou. Se algum desses cenários for o seu, faça mudanças imediatas.

Todos nós já tivemos o coração partido. Quando isso acontece, ficamos perturbados e tristes, mas depois surge outra pessoa e entramos em um novo relacionamento. Se fosse possível saber, desde o final do primeiro relacionamento, que isso iria acontecer, encararíamos o rompimento de forma bastante diferente.

Caso soubesse que o fim de um relacionamento estava abrindo caminho para uma relação melhor, ficaria infeliz? Claro que não. Você diria: "Obrigado por me preparar para meu próximo amor!". Ou até mesmo: "Ah, acabou?! Então, leve suas coisas depressa; uma nova pessoa vai entrar na minha vida logo, logo!".

Diante dos papéis do divórcio, se soubesse que um relacionamento duas vezes melhor estava prestes a começar, ficaria aborrecido? Não. Você diria: "Ah, este é meu diploma? Então, posso seguir em frente!". O que lhe aconteceu no passado não foi um erro desafortunado; foi para o seu máximo benefício.

Mantenha tal atitude desde o início, mesmo quando ainda não enxergar o que vem pela frente, e abrirá caminho para o surgimento de um novo relacionamento ou criará as condições para que ele apareça mais depressa. É assim que isso funciona durante todo o tempo ao longo de nossas vidas.

Deixe-me contar a você como ensinei essa lição a meu filho, Pax. Quando ele tinha uns 3 anos e meio, havia ganhado uma bicicleta nova, que adorava. Um dia, pedalamos até a praia e, para dar um mergulho, passamos a corrente na bicicleta. Quando voltamos, ela havia sido roubada e ele começou a chorar. Perguntei a ele como se sentia em relação à perda da bicicleta.

"Mal!", ele gritou.

Quis saber se aquilo doía, e ele respondeu: "Sim!".

"Onde dói?"

"Aqui", ele respondeu apontando o peito. Então, perguntei como se sentia em relação à pessoa que roubara a bicicleta.

"Eu odeio essa pessoa!"

"E o que você faria se a encontrasse?"

"Batia nela com meu bastão! E a faria devolver minha bicicleta."

"Você não me contou que, na semana passada, quando saiu com a mamãe, viu uma bicicleta na loja ainda mais legal do que a roubada?"

Ele pensou por uns instantes e disse que se lembrava daquilo.

"Bom, então vamos lá ver se a bicicleta ainda está na loja."

Fomos de carro, compramos a bicicleta e voltei com Pax ao mesmo lugar em que a outra havia sido roubada. Quis saber novamente como ele se sentia em relação à outra que fora roubada.

"Mal!", ele respondeu, mas sem o mesmo ímpeto de antes.

"E o que você faria para a pessoa que roubou a bicicleta?"

"Bateria nela com meu bastão."

Tenho certeza que você já entendeu. Eu mostrei a Pax que, caso sua bicicleta não tivesse sido roubada, ele não teria ganhado a nova. Por cerca de meia hora, nós conversamos sobre esse assunto até eu conseguir encontrar a maneira certa de fazer sua mente de 3 anos e meio entender meu ponto de vista. E continuei a trabalhar esse tema com ele por meses a fio e também nos anos seguintes, sempre que um incidente semelhante acontecia. Hoje em dia, essas lições são muito úteis para Pax. Claro, ele usa esse conceito contra mim toda vez que faz algo que eu não gostaria que fizesse. Ele me olha e diz: "Está perfeito, então, não é pai? O Universo não poderia continuar se eu não tivesse feito isso, certo?". Gostaria de salientar que ele está certo, quando diz que esses incidentes estão lhe ensinando as lições de que necessita – e Pax continuará a aprendê-las enquanto mantiver o mesmo comportamento.

DEIXANDO PARA TRÁS OS ARREPENDIMENTOS

Se não conseguir pensar que os eventos que acontecem em sua vida são para seu máximo benefício, continuará a carregar aquela bagagem antiga. Arrastará aquilo com você para onde for. E o que consegue ao carregá-la? O impedimento de ser feliz hoje, porque toda vez que pensa sobre aqueles arrependimentos, está dizendo para si mesmo: "Que falta de sorte...". Ou seja, está destruindo o presente momento ao permitir que os eventos do passado o tiranizem. No entanto, se adotar a filosofia de que tudo que acontece é perfeito, todas aquelas pessoas que perdeu e todas aquelas mágoas, de repente, tornam-se certas. Na realidade, não pode ser de outro jeito porque você é uma parte do Universo e ele cuida de si mesmo com perfeição. Sei que é um conceito difícil, em função de tudo que já aconteceu em sua vida, mas o esforço para conseguir entendê-lo será recompensado milhares de vezes, quando obtiver sucesso em reagir como se todo evento sempre estivesse trabalhando a seu favor.

Quando as situações aparentemente negativas acontecerem em sua vida, seja uma separação amorosa ou uma série de acontecimentos "ruins", a melhor pergunta a se fazer não é "Por que comigo?", mas "Consigo imaginar como isso irá me beneficiar?". O que costumamos fazer é nos lastimar. Você lamenta e se sente mal. Só que isso é uma escolha – uma escolha que pode ser mudada. Você escolhe adotar uma nova perspectiva: luminosa, alegre e repleta da expectativa de que algo maravilhoso vai ocorrer a partir daquele evento.

Quando algo me parece ruim ou falta de sorte, reajo como se fosse ótimo. Não perco meu bom humor, não fico deprimido. E, conforme passam os dias, com toda certeza, acabo descobrindo por que aquilo foi perfeito para mim. Às vezes, o que se apresenta como obstáculo evita que eu tome uma má decisão nos negócios ou possibilita que eu dedique tempo e atenção a algo mais importante ou me coloca em contato com alguém que eu precisava conhecer. Esse é o mundo em que eu vivo a todo minuto, dia a dia.

Convido-o a também viver nesse mundo, começando a ver que as coisas que aconteceram e acontecerão têm uma razão – assim, você poderá receber o máximo de benefício. De fato, não haveria outro evento que pudesse ter ocorrido que beneficiaria você ainda mais.

Os momentos de mais energia em sua vida

Uma das maneiras de nos beneficiarmos com os eventos acontecidos nas situações e relacionamentos em que nos encontramos – o que só fica claro depois – é entender que tudo nos oferece exatamente o que precisamos para evoluir e seguir em frente. Pense nisso da seguinte forma: quando o Universo foi criado, todos os recursos foram utilizados. Não restaram caixas cheias de refugos, galáxias sem utilidade, planícies, montanhas, cascatas ou estrelas. Tudo foi utilizado e está em seu exato lugar. E ainda está, o que inclui você.

A Inteligência Universal é muito maior do que podemos conceber; não é estúpida. Quando Pax estava com 13 anos, disse-me: "O mais difícil de fazer já foi feito – a criação do Universo. Depois disso, em comparação, tudo é fácil". Podemos criar uma flor, uma pedra, uma banana, um peixe? Se não conseguimos fazer isso, como podemos pensar na criação do Universo e não sentir o mais completo e total respeito e reverência?

O Universo foi criado no momento certo para possibilitar a criação de nosso planeta e de nosso Sistema Solar. A Terra entrou em resfriamento no exato instante para permitir a evolução das diversas formas de vida. Cada um de nós nasceu no momento exato para viabilizar nossa chegada na hora certa. Você não pode estar fora do lugar no Universo. Em qualquer lugar que esteja, é lá que você deveria estar, fazendo o que deveria fazer. Você é feliz ou não, dependendo do estado mental com que faz o que deveria fazer.

Nós sempre estamos no lugar perfeito, no momento perfeito para experimentar o evento perfeito para nossa perfeita compreensão, que nos levará ao nosso perfeito desenvolvimento. Saber disso ajuda-o a manter-se perfeitamente são e feliz nas mais perfeitamente desafiadoras situações. No fim das contas, aqui estamos para nos aprimorarmos como seres humanos, como criaturas espirituais.

Talvez você já tenha ouvido que nós não viemos para a Terra para sermos humanos com uma experiência espiritual; somos, sim, seres espirituais tendo uma experiência humana. Às vezes, a maneira de o Universo ajudá-lo a se aprimorar é colocá-lo diante de eventos aparentemente desagradáveis. Assim, em cada superação de obstáculos você ganha força, sabedoria e toda a informação que necessita desses acontecimentos.

No final de sua vida, quando olhar retrospectivamente para tudo isso, verá que sua força e sabedoria não resultam daqueles dias medianos e mornos em que nada acontece. Eles são os períodos de descanso entre as melhores oportunidades de crescimento. Sua força e sabedoria são criadas nos momentos de maior energia em sua vida: a turbulência, o abandono, a violação, a perda das pessoas amadas ou a falta de amor, a perda de oportunidades, a traição, a humilhação, os equívocos aparentemente tão caros e os chamados "acidentes".

O Universo não apresenta uma circunstância em sua vida se você não precisar dela. Quando você está no primeiro ano da escola, aprende que um mais um é igual a dois. Quando chega ao ensino médio, não precisa mais dessa lição porque já a entendeu. O mesmo acontece com as circunstâncias da vida. Quando você consegue tirar a informação de que precisa de uma situação ou circunstância, ela se torna passado. Quando não consegue, ela permanece lá ou continua a repetir-se em sua vida.

Em outro momento, eu contei sobre meu amigo que dizia ter má sorte ao escolher namoradas e reclamava que, em seus últimos nove relacionamentos, as mulheres tinham se transformado em megeras. Quando percebeu que era ele mesmo o causador dos problemas em seus relacionamentos, conseguiu encontrar seu verdadeiro amor, casar e construir uma linda família. Bem, é assim que funciona. Se existe alguma situação em seu relacionamento que o deixa infeliz, abra-se para a informação que está recebendo. Só assim conseguirá entender *por que* aquela condição faz parte de seu relacionamento.

Caso você se encontre, relacionamento após relacionamento, com o mesmo padrão de infelicidade ou com as mesmas questões que geram um rompimento desapontador, entenda isso como um "tapinha nas costas cósmico", um chamado, uma informação presenteada pelo Universo para que possa corrigir seu comportamento destrutivo, salvando o relacionamento ou se preparando para um novo. O "tapinha cósmico" significa que você deve parar, olhar com objetividade para o relacionamento (como fotos colocadas sobre a mesa) e verificar o que precisa mudar. Ou seja, isso vai mostrar quais os ajustes que precisam ser feitos em seus pensamentos, expectativas e comportamentos para que se torne o tipo de pessoa capaz de atrair e manter o relacionamento que quer e, mais importante, receber o amor que deseja.

A PESSOA QUE ESTÁ COM VOCÊ NÃO É UM EQUÍVOCO

Sua interação com a pessoa amada é uma das formas mais importantes de incentivo ao aprendizado e crescimento. A pessoa que está com você não é um equívoco, um erro cósmico. Tampouco aconteceu por acaso ou é um encontro aleatório. Ela é a pessoa certa para esse momento de sua vida. O relacionamento em que você está é aquele no qual você *supostamente* deve estar, portanto, *supostamente* você só sairá dele quando for a hora: informação, sabedoria, força e aprimoramento. Isso não significa que você deve permanecer em um relacionamento doloroso e insatisfatório, mas, sim, o tempo necessário para você – e, ao aprender as Leis do Amor, poderá, de fato, transformá-lo no relacionamento mais amoroso e maravilhoso de toda uma vida.

Peço-lhe que não confunda o que digo aqui, considerando que afirmo que você deve aceitar em seu relacionamento situações abusivas e intoleráveis. Às vezes, a informação mais importante que você pode estar recebendo é justamente um alerta de que está na hora de seguir em frente, antes de se machucar demais. Aprender com os eventos da vida não quer dizer que se deva tornar um capacho ou um saco de pancadas. Caso você esteja em situação de perigo – física ou emocional –, busque apoio e tome as providências para se proteger.

Ao longo do processo de aprendizado quanto à aceitação de que o Universo é perfeito e está sempre trabalhando a seu favor, ajuda muito ser paciente. Aprenda a entender que, dentro do nosso perfeito

Universo, as mudanças em seu relacionamento, aquelas que o puxam para fora da zona de conforto, são para seu máximo benefício. Repito: sei que pode ser difícil acreditar por causa de tudo que já lhe aconteceu na vida, mas se conseguir abrir a mente para esse conceito, deixará um raio de luz entrar, mostrando que é possível, embora possa parecer impossível; estará se abrindo para todas as coisas boas que o Universo oferece e reserva para você. E não importa quão bom você possa imaginar, o Universo pode fazer ainda melhor. Não importa quão bom possa ser seu sonho, o Universo pode sonhar melhor.

Ação para a Lei 6

O Universo é perfeito e trabalha a seu favor

O poder de buscar os benefícios

Temos a escolha de nos tornar miseráveis ou de nos tornar mais fortes. A quantidade de esforço é a mesma.

Carlos Aranha Castañeda, escritor e antropólogo peruano (1925-1998)

O principal motivo para existir tão pouca gente realmente feliz é a falha de percepção ou falta de conhecimento, não é a má sorte. Quando você enfrenta um evento como se fosse má sorte, está lhe dando poder para isso. Mas se encara a situação como boa sorte, está criando uma cadeia de eventos que lhe trará resultados positivos.

Há outro modo de explicar isso: quando você sente raiva de uma situação, é como se estivesse usando óculos. Sua atenção fica concentrada no objeto de sua raiva, enquanto o Universo continua a se desdobrar em toda a sua magnificência. Você ainda está paralisado no evento ocorrido, ancorado ali por sua raiva, e acaba perdendo os momentos que podem ser os mais felizes e que estão acontecendo exatamente agora.

A seguir, alguns passos que você pode dar para ver os eventos de sua vida como perfeitos e prontos a oferecer o mais absoluto benefício.

- Primeiro, lembre-se de uma situação passada que, na época, pareceu-lhe "ruim", mas que depois se tornou um benefício. Por exemplo, você pode ter tido o coração partido, mas depois encontrou um novo parceiro e teve uma maravilhosa relação de amor. Esse segundo relacionamento não teria acontecido se o primeiro não tivesse terminado. Além disso, o coração partido fez parte da experiência necessária para que agora você compreenda a nova situação. Enquanto reflete sobre o evento passado que acabou sendo uma bênção, permita-se sentir gratidão: foi aquele relacionamento que pavimentou o caminho para você viver algo maravilhoso hoje.

- Agora, traga à memória uma situação atual em seu relacionamento que esteja magoando, enraivecendo, sobrecarregando você ou que considere como "ruim" ou "má sorte". Em vez de se achar vítima, diga a si mesmo: *Essa situação é perfeita. Sei que é para meu máximo benefício. Há uma informação vital ou lição que preciso receber dessa experiência.* Pode ser uma tarefa difícil. Se for preciso, finja, mas assuma que a situação foi *integralmente construída para seu benefício* e abra-se para ver qual ele é.

- Toda vez que sentir a tentação de se vitimar, faça novamente uma mudança de foco, lembrando-se de que *o Universo é a causa de todo evento que acontece em minha vida e, portanto, eu serei beneficiado o máximo possível.*

As seguintes palavras,em tradução livre, foram extraídas do poema "Desiderata", escrito em 1927 pelo escritor americano Max Ehrmann (1872-1945). São um belo lembrete dessa verdade.

Você é uma criação do Universo,
tanto quanto as árvores e as estrelas;
Tem o direito de estar aqui.
Isso pode estar claro, ou não, para você
Não há dúvida de que o Universo é como deve ser.

LEI 7

O RELACIONAMENTO LHE DARÁ TUDO QUE PRECISA

Existem forças secretas em atuação, mantendo unido o que deve permanecer em união.

I Ching (3000 a.C.)

É provável que você já tenha ouvido que as pessoas semelhantes se atraem e as opostas se repelem. Trata-se de uma verdade parcial. O que você atrai é aquilo de que necessita; o que repele é aquilo de que não precisa. Existem forças constantemente em ação para manter unido o que deve seguir unido. Faz parte da antiga sabedoria transmitida há milhares de anos. Seu significado é que não é necessário preocupar-se em atrair a pessoa certa para seu relacionamento maravilhoso. Você atrairá o parceiro que possui o que você precisa para continuar seu aprimoramento, tornando-se o melhor ser humano possível.

É o Universo que coloca as pessoas em sua vida. O encontro aparentemente casual é seu destino acontecendo. A seguir, apresento uma pequena história para ilustrar. Minha esposa, Lyn Hamaguchi Prentiss, descendente de japoneses, tinha 18 anos quando entrou em um prédio para buscar um livro emprestado de uma colega de classe. Ao caminhar pelo corredor, ela notou uma mesa de escritório verde-claro muito parecida com a que seu pai usava para trabalhar em casa. Foi até a mesa e sobre o tampo viu um livro com capa cinza e amarela, cujo título era *I Ching*. Lyn abriu-o e leu alguns parágrafos. É um livro bastante complexo, escrito há milhares de anos. Deixou-o sobre a mesa, mas pensou que um dia gostaria de aprender mais sobre seu conteúdo.

Vinte e seis anos depois, quando estava morando na ilha de Kauai, no extremo norte do Havaí, foi visitar uma amiga, Takako, também de origem japonesa. Estava olhando as estantes da biblioteca da amiga e viu um livro que tinha a expressão *I Ching* no título. Excitada por encontrar um livro sobre aquele tema tantos anos mais tarde, pegou o livro e o levou até Takako, que lhe disse: "Foi um amigo meu que escreveu esse livro".

O livro que Lyn tinha em mãos era um dos sete que escrevi sob meu pseudônimo chinês, Wu Wei, e tratava de filosofia chinesa, *I Ching* e o funcionamento do Universo. Na vez seguinte que fui a Kauai, Takako nos apresentou.

Essa foi a "coincidência" que fez com que Lyn e eu nos conhecêssemos. O Universo preparou Lyn vinte e seis anos antes para esse encontro. Talvez seja importante esclarecer que vinte e seis anos para o tempo do Universo representa menos do que a trilionésima parte de uma batida de asa de beija-flor. É assim que o Universo funciona. Você pode achar que foi coincidência. Mas essa é apenas uma palavra que usamos para descrever a fantástica e milagrosa forma de o Universo colocar juntos aqueles que devem estar juntos e tantos outros acontecimentos "por coincidência".

Você pode estar em uma sala com centenas de pessoas e aquela que lhe chamar atenção é a escolhida pelo Universo para você conhecer. Depois, se vier a ter um relacionamento com essa pessoa, vocês contarão aos amigos como se conheceram e como ficaram surpresos por encontrar um ao outro naquela sala tão cheia de gente. Se perguntar aos próximos dez casais que conhecer, cada um deles terá uma história para contar sobre a "coincidência" que os apresentou um ao outro. Os relacionamentos são arranjados por escolha do Universo. Talvez você queira se casar com alguém rico. Esse pode ser seu principal critério, sua diretriz mais importante. Mas, se você casar com alguém rico, será porque o Universo está lhe oferecendo alguém com os atributos que precisa para se desenvolver em todos os aspectos. A riqueza dessa pessoa e seu desejo por riqueza são como o Universo atraiu você para seu parceiro.

Você pode se sentir atraído por uma pessoa devido à sua aparência, personalidade, suas realizações, caráter, maneiras (ou falta delas) ou por todas as outras características que formam um ser humano. Mas saiba que esse "pacote" contém todos os aspectos dos quais você precisa.

O propósito das parcerias

Está na hora de eliminar todas as dúvidas ainda existentes a respeito da intencionalidade do Universo de aproximá-lo de pessoas com quem você precisa estar. Ele os colocou juntos com um propósito: aprender um com o outro e aprimorarem-se como seres humanos. Provavelmente, haverá momentos felizes e horas apaixonadas; caso contrário, vocês não estariam juntos. Também haverá tensão, desacordo, ideias conflitantes, valores diversos e diferentes formas de expressão. Existe um modelo previsto para isso: o que mais o incomoda no relacionamento com seu parceiro, quase com toda certeza, é aquilo que você precisa aprimorar.

Se você é uma pessoa impaciente, que se irrita com facilidade, poderá relacionar-se com alguém que lhe dará muitas razões para praticar a paciência e a compaixão. Caso você seja muito preocupado ou excessivamente analítico, seu parceiro pode vir a ser uma pessoa intuitiva e espontânea. Se não consegue estabelecer e impor limites, talvez seu companheiro seja alguém que desrespeita os limites alheios e isso o forçará a desenvolver essa qualidade muito bem-vinda. E, claro, será você a ensinar seu companheiro o respeito pelos limites dos outros.

Para melhorar o relacionamento, dê uma olhada nas áreas de insatisfação e observe quais informações seu parceiro e as circunstâncias estão lhe oferecendo. Outro modo de dizer isso é: o que quer que esteja em sua vida agora é o que você precisa agora. Em qualquer estágio de desenvolvimento que esteja, o necessário virá até você naturalmente. O Universo o trará de um modo que vai parecer "coincidência". E, quando você estiver pronto para dar o próximo passo em sua evolução, o novo parceiro estará à espera (ou já está em sua vida e você ainda não percebeu) e foi escolhido pelo Universo. Essa é a Lei Universal da Atração.

Disse no capítulo anterior e repito: você não deve tolerar um relacionamento tóxico, que seja realmente destrutivo, caso esteja em uma situação assim, agora. Existem muitas razões que podem levá-lo a tal relacionamento, inclusive aprender a se valorizar mais para terminar essa relação perigosa e colocar foco naquela que você merece.

Quem nós atraímos

Um fator-chave, sempre deixado em segundo plano na dinâmica dos relacionamentos, é que atraímos pessoas em sintonia com nosso atual nível de desenvolvimento. Costumamos pensar sobre o tipo de parceiro que queremos, mas um aspecto tão importante quanto é quem nós podemos atrair sendo o tipo de pessoa que somos. Ralph Waldo Emerson, escritor, poeta e filósofo estadunidense, expressou esse conceito quando escreveu: "Veja outra vez a perfeição da Lei quando ela se aplica aos afetos... Como somos define com quem nos relacionamos".

Vi esse conceito em ação muitas vezes, mas uma delas chama mais minha atenção. Entre 1985 e 1986, eu realizava oficinas em Los Angeles para pessoas que não tinham a vida que queriam e desejavam trabalhar comigo por um mês para assumir o controle do que estava em desequilíbrio. Nós sempre sentávamos em círculo e, no primeiro dia de oficina, perguntava a cada pessoa presente o que queria para sua vida.

As respostas eram as mais variadas: comprar a casa própria, conquistar independência financeira, encontrar a alma gêmea, progredir no trabalho, assumir o controle da empresa, sair da casa dos pais, aprender a namorar, encontrar a paz e tantas outras coisas que a maioria de nós costuma desejar. Se você estivesse em uma dessas oficinas, diria que uma de suas metas era aprender como atrair e criar o relacionamento dos seus sonhos.

Um homem do grupo, que disse estar procurando seu par ideal, contou que já fizera um curso para encontrar o relacionamento dos seus sonhos, mas as aulas não funcionaram. Esse homem tinha aproximadamente 55 anos, cerca de quinze quilos de sobrepeso, não fazia a barba há uns dois dias, estava mal vestido e foi para lá dirigindo um carro antigo, obviamente, em péssimo estado.

Quando perguntei o que havia aprendido na oficina anterior, disse-me que o palestrante solicitou a todos uma lista dos atributos que gostariam de encontrar em seu par ideal e que carregassem sempre essa descrição. Quis saber se tinha a lista com ele e, quando disse que "sim", pedi para que compartilhasse com todos os atributos que esperava encontrar em uma companheira ideal. Ele pegou duas folhas de papel, digitadas em espaço simples, e leu para nós.

Entre os itens listados, enumerou que gostaria de uma parceira bonita, sem sobrepeso, com cerca de 1,65 metro de altura, corpo longilíneo, seios grandes e cabelo castanho-escuro comprido e ondulado. Disse ainda que ela devia ter um estado de espírito amigável e sentir prazer em agradá-lo. Também queria que ela fosse uma boa massagista, cozinheira, pianista, talentosa como amante, soubesse esquiar e estivesse em boa situação financeira, porque ele nunca tivera sucesso nos negócios e, na verdade, estava trabalhando naquela época como temporário. A lista daquele homem era realmente fantástica.

Eu olhei para ele e perguntei: "E onde está a sua lista?"

"O que você quer dizer. Essa é a minha lista", ele respondeu.

"Não." Eu continuei. "Estou falando da lista para você mesmo. O homem que combina com a sua parceira. Você é um bom cozinheiro e massagista? Toca algum instrumento, considera-se um homem bonito ou tem outras qualidades que o tornariam o homem que combina com a parceira que descreveu?"

"Bem, eu sei esquiar", ele concluiu.

"Se a mulher que você descreveu entrasse exatamente agora nessa sala", eu disse, "e visse o homem que a chamou, ela provavelmente pensaria que alguém está lhe fazendo cair numa grande piada. Você precisa de uma lista para você com os atributos que combinem com a parceira que deseja. Sugiro que faça essa lista para você mesmo.

Quando conquistar os atributos que combinem com a parceira que descreveu como a dos seus sonhos, ela vai aparecer".

A vida não funciona do jeito que aquele homem acreditava, e sim do seguinte modo: você tem que ter valor para seu parceiro. Não estou dizendo que deve possuir exatamente as mesmas características que o companheiro dos seus sonhos. Na verdade, sempre atraímos as pessoas com qualidades que não dispomos, justamente para que haja aprendizado e equilíbrio. Se você não é uma mulher deslumbrante ou um homem maravilhoso, não significa que não atrairá uma pessoa bonita. Mas você deve ter outras boas qualidades e interesses em comum, capazes de atrair esse tipo de beleza para sua vida – e se manter ao lado de seu parceiro.

Atração não é amor

A maioria de nós não percebe por que atrai determinadas pessoas. Como já escrevi, seu conceito de companheiro ideal é formado de acordo com suas experiências anteriores de relacionamento e com o que observa nos outros. Você, provavelmente, já viu pessoas que estão em um relacionamento que gostaria de ter e também já deve ter conhecido relações que o fazem ficar feliz por aquele não ser seu parceiro. Também aprendemos sobre o "par ideal" em nossa família e com o que vemos e lemos na mídia. Grande parte dessas ideias instala-se em nosso subconsciente e nem percebemos que estão lá.

Quando olhamos alguém e nos sentimos atraídos é porque a pessoa remete àquela imagem subconsciente. Conforme você conhece melhor o caráter dela, pode sentir mais atração ainda ou repulsa, devido às experiências que já teve e as lições que aprendeu na vida.

O problema de confiar apenas na atração é que *o relacionamento acaba quando termina a atração*. Como observou Montaigne, pensador renascentista do século XVI: "Não há casamentos que fracassem mais depressa do que aqueles que se baseiam na beleza e no desejo amoroso". A atração pode ser aquilo que nos conduz até o outro para gerar um relacionamento, mas não é o que nos mantém juntos. Atração não é amor. Ela explode no início do relacionamento por causa do desejo físico ou sexual ou por uma necessidade estar sendo atendida. Mas esses impulsos arrefecem mais cedo ou mais tarde. Mesmo que seja uma pessoa muito agradável, isso por si só não é suficiente para manter duas pessoas juntas.

De vez em quando, as pessoas se aproximam por causa de um interesse comum compartilhado em um momento da vida. O que acontece, então, quando o objetivo é conquistado ou quando elas não conseguem perseguir aquele objetivo comum? O que acontece se um dos parceiros não se interessa mais por aquele propósito?

Vamos dizer, por exemplo, que você e seu companheiro se sentiram atraídos um pelo outro, basicamente, por uma paixão louca por montanhismo, mergulho submarino ou qualquer outro projeto. Depois do casamento, você perde o interesse em escalar ou mergulhar ou o projeto acaba e nunca mais se envolve nessa atividade com seu parceiro. Caso esse seja o único vínculo que vocês compartilham, os dois podem se afastar emocionalmente e o relacionamento talvez termine.

Portanto, quando você cria um relacionamento com base em um propósito comum e espera que dure, talvez se decepcione. Depois que o objetivo é alcançado, a menos que surja um novo propósito para criar um vínculo, o mais provável é que o relacionamento acabe. Essa verdade universal, ensinada no *I Ching*, é conhecida há milhares de anos: "Um relacionamento formado com base em um interesse comum dura somente enquanto durar o interesse comum". Para ter um relacionamento de qualidade e de longo prazo, *você deve ser capaz de ir além das razões que os uniram e compartilhar metas de longo prazo que sustentem o relacionamento.*

No começo e ao longo do relacionamento, você precisa construir os interesses em comum com seu companheiro. Envolver-se na vida dele. Não se torne um mero espectador. Caso esses vínculos de longo prazo estejam faltando em seu relacionamento, trate de encontrar metas compartilhadas, bem depressa. Interessar-se pela vida pessoal do parceiro é uma das melhores formas de encontrar aquilo que vai mantê-los juntos além da atração inicial. Por exemplo, descubra como você pode ajudá-lo em um negócio, projeto, *hobby* ou esporte. Talvez você possa se aproximar da família ou dos amigos dele ou ajudá-lo a realizar um antigo sonho ou desejo. Para descobrir qual pode ser essa área de interesse, converse com seu companheiro sobre suas esperanças, sonhos, aspirações e planos. Veja como é que você pode se encaixar neles.

Ação para a Lei 7

O relacionamento lhe dará tudo que precisa

O poder de aprender com seu parceiro

Não há engano. Os eventos que recaem sobre nós, por mais desagradáveis que sejam, são necessários para que aprendamos o que temos que aprender.

Richard Bach, escritor americano (1936-)

Em todo relacionamento, há momentos maravilhosos e outros não tão bons assim. Haverá recompensas e problemas, alegrias e tristezas. Em meio a trajetória, vocês estarão aprimorando um ao outro. Aprenderão um com o outro, mudarão um ao outro e farão acontecer o plano do Universo para cada um de vocês. O aprendizado continua enquanto seguirem juntos.

Eis uma afirmação a ser por você considerada e adotada: "Estou na vida de meu companheiro e ele está na minha vida com o propósito expresso de nos aprimorarmos como seres humanos e de sermos felizes ao fazer isso".

De vez em quando, esse processo pode não parecer muito divertido, mas lembre-se de que os momentos mais desafiadores são, às vezes, os mais produtivos. Sempre olhe para o que acontece em seu relacionamento como uma oportunidade de aprendizado.

Tire alguns minutos agora para refletir sobre seu atual relacionamento – a pessoa com quem você está, como vocês se tratam e como se sente em relação a essa situação. Pense, então, como seu relacionamento preenche sua necessidade de aprendizado e desenvolvimento, respondendo às seguintes perguntas:

- O que meu parceiro está me ensinando (com palavras, ações ou exemplos) que eu preciso aprender para crescer nesse estágio de minha vida?

- Como eu estou oferecendo ao meu companheiro o que ele precisa aprender para se desenvolver?

Quando você usa o que acontece em seu relacionamento para refletir e ajustar o comportamento, não está apenas aprendendo e se desenvolvendo como pessoa: está também se tornando capaz de construir um relacionamento melhor.

LEI 8

SE QUISER SER AMADO, AME A SI MESMO

A pessoa precisa aprender a amar a si mesma... com um amor integral e saudável... De todas as artes, essa é a mais fina, sutil, interminável e exige paciência.

Friedrich Nietzsche, filósofo alemão (1844-1900)

Se você não se trata com amor e respeito, alguém que vale a pena ser amado e respeitado, como espera que os outros o tratem de uma forma diferente? Amar-se está relacionado com a imagem que tem em mente de quem acredita ser: sua autoimagem. Traga à memória alguma situação que tenha a ver com relacionamento – como age em um primeiro encontro, como expressa ou não suas necessidades ao companheiro, como reage ou exagera a reação a algo que percebe como crítica – e pode ter certeza de que a autoimagem está vinculada à experiência que vivencia. Quando você não investe tempo para criar uma maravilhosa autoimagem, é bem provável que tenha menos, seja menos e faça menos do que o possível por você mesmo. É possível aprender a amar a si mesmo, o que, em troca, vai fazer com que seu parceiro ame você. Você pode melhorar a autoimagem a qualquer momento, inclusive agora.

Quando falo para você amar a si mesmo, não quero dizer para se transformar em Narciso, aquele rapaz da mitologia grega, extremamente vaidoso e arrogante, que se apaixonou pelo próprio reflexo na água de um lago. Como não conseguia se afastar da própria imagem refletida, definhou e morreu. O amor de que falo não tem nada a ver com orgulho exagerado e ostentação pelas próprias conquistas e sucessos, com egoísmo ou vaidade pelo sucesso de seus familiares, conhecidos ou amigos famosos. E também não se relaciona com beleza física ou status social. Em vez disso, o amor de que falo é o respeito que você dedica aos atributos pessoais de seu bom caráter.

Se você não é um admirador de si mesmo é porque sua autoimagem está opaca e manchada. Você conhece seus segredos mais íntimos. Se o que sabe sobre você faz com que pense pouco de si mesmo, isso se deve às coisas que fez ou não conseguiu fazer. Talvez você se considere uma pessoa grosseira, irresponsável, mentirosa, pouco confiável, pouco amigável, traiçoeira e egoísta. Talvez tenha pensamentos e desejos impuros que não combinam com alguém de altos ideais. Pode ser que você não se ache muito bonito, que não tenha uma boa conversa e que seja incapaz de pensar com rapidez. Quem sabe você não progrediu o bastante e se sente um insucesso. Sua autoimagem tem implicações muito extensas.

"QUEM VOCÊ PENSA QUE É"

Quando você caminha por uma sala e encontra alguém pela primeira vez, é esse "Quem você pensa que é" que caminha pela sala e esse "Quem você pensa que é" que fala e age. Quando não se respeita o suficiente, é isso o que transmitirá à pessoa que está encontrando. Uma autoimagem negativa vai torná-lo desmazelado, fará com que evite encontrar os outros, desvie o olhar, seja pouco assertivo e indeciso. Por outro lado, uma autoimagem saudável fará com que você se apresente bem, fale com confiança, seja assertivo e transmita dignidade.

Se para você é penoso fazer amigos é porque "Quem você pensa que é" está se manifestando. Se é custoso progredir no trabalho é porque as pessoas à sua volta estão reagindo a "Quem você pensa que é". Se você tem dificuldade para encontrar alguém com quem se relacionar ou parece que não consegue criar um relacionamento gratificante no qual se sinta valorizado, é bem provável que sua autoimagem esteja danificada de algum jeito e frustre sua meta.

Veja um exemplo simples: suponhamos que você acorda atrasado pela manhã e está muito apressado para encontrar um amigo que não vê há bastante tempo. Você não tem tempo para cumprir sua rotina matinal, para mostrar-se apresentável. Então, veste a mesma roupa que usou no dia anterior, amassada e manchada. Com o cabelo despenteado, sai correndo pela porta, mas já sabe que vai chegar atrasado de qualquer forma. Quando você chega ao lugar marcado para o encontro, seu amigo ainda não chegou. Você senta para esperar e, ali, na mesa ao lado, está a pessoa dos seus sonhos.

Essa pessoa se vira e olha para você, que sabe que está com a aparência terrível: com as roupas desengonçadas mal jogadas sobre o corpo e o cabelo sem pentear, com certeza, você não está no melhor estado mental. "O meu Deus!" você pensa. "Estou aqui, sentado ao lado da pessoa que poderia ser meu par ideal e pareço que saí de um acidente de trem." Você se remexe e se contorce na cadeira. Queria estar em qualquer lugar, menos ali, com aquela aparência terrível. Nem é preciso dizer. Naquele momento, sua autoimagem não abrirá portas para uma boa conversa e é bem provável que você cause uma péssima primeira impressão.

O oposto desse cenário é o seguinte: Você sabe que terá um encontro na manhã seguinte com seu amigo. Então, tem uma boa noite de sono, acorda cedo, escolhe uma bela roupa, que combina perfeitamente com você. Arruma-se perfeitamente e vai ao encontro. Você chega um pouco adiantado e, ao sentar-se, percebe que está ao lado de seu par ideal. É possível imaginar a diferença entre os dois estados mentais – você desarrumado e desesperado e você muito bem vestido, sentindo-se bem consigo mesmo.

Em resumo, como você se sente em relação a si mesmo manifesta-se de muitas maneiras – na verdade, de todas as maneiras. Reflete-se no modo como você aperta a mão de alguém, no modo de olhar diretamente para a pessoa, na maneira de caminhar, em seus modos, na fala, na forma de se apresentar, como entra em uma sala cheia de gente e também no que pensa de si mesmo quando se olha no espelho. Portanto, também se manifesta quando você encontra a pessoa dos seus sonhos. É possível ajudar sua autoimagem arruinada e, mais adiante nesse capítulo, vou apresentar uma técnica poderosa para aprimorá-la. Por enquanto, basta que saiba que precisa mudar os maus sentimentos a respeito de si mesmo, caso pretenda se tornar uma pessoa para ser amada.

AS RAÍZES DE SUA AUTOIMAGEM

Eu já escrevi como suas crenças sobre a vida modelam a filosofia pessoal e afetam seus relacionamentos. Mas não são apenas as crenças sobre como o mundo funciona que estruturam sua vida e seus relacionamentos. As crenças que tem sobre você mesmo, sobre o que é capaz e sobre o que merece também são importantes.

A partir do momento no qual seu cérebro se torna funcional, começa a construir a imagem de quem você acredita que seja. Todos os eventos de sua vida ajudam a criar a imagem de "Quem você pensa que é". Talvez seu pai ou sua mãe tenha lhe dito quando você era criança: "Você é maravilhoso e eu amo você". Essas palavras permanecerão em sua memória, oferecendo-lhe essa informação não importa o que aconteça. Cada vez que alguém criticar você, as palavras dos seus pais ainda estarão lá: "Você é maravilhoso e eu amo você". Uma criança de sorte é aquela que recebe esse tipo de informação construtora da autoimagem.

Por outro lado, você pode ter tido experiências que reforçaram justamente a crença oposta. Talvez, quando criança, você tenha ganhado um brinquedo e o quebrou logo depois. Seu pai, que lhe deu o presente, exclamou: "Nossa, como você é desajeitado!". Essa crítica pode ter magoado você, marcando-o por muitos anos. Talvez, na semana seguinte, você tenha tropeçado na mesa e derrubado o abajur, que quebrou. E, quem sabe, alguém viu o incidente e disse: "Olhe o que está fazendo, desajeitado!".

Muito depois, quando você derruba alguma coisa ou se machuca, talvez pense de si mesmo: "Sou tão desajeitado!". Embora muitos anos tenham se passado e você já tenha até esquecido o incidente original, aquelas palavras estão no subconsciente estimulando-o a se considerar "tão desajeitado!".

Seus pais ou os responsáveis que ajudaram a criá-lo não são os únicos que contribuem para a formação de sua autoimagem. Crianças, irmãos, amigos e outros adultos também participam da construção desse conceito em você. Vamos imaginar por um instante que, quando você estava no segundo ano do ensino fundamental, sentiu-se atraído por aquela criatura de doces olhos castanhos. Suponhamos que você se aproximou dela e disse timidamente: "Você quer tomar o lanche junto comigo?". E ela respondeu: "O quê?! Tomar lanche com um monstro como você? Prefiro lanchar com um sapo!" Você rasteja de volta até sua cadeira, torcendo para ter sido o único a ouvir aquela observação. O embaraço e a mágoa criam raízes em sua mente, e, então, você começa a formar uma autoimagem como vista pelos olhos da pessoa que fez tal comentário.

Provavelmente, demorará para que volte a fazer uma tentativa de aproximação. Imagine-se agora fazendo essa nova tentativa, talvez muitos anos mais tarde, com uma pessoa diferente. É possível que você diga algo, como: "Hã..., bem... oi! Eu..., ah!... estava imaginando se você gostaria de... hããã... ah, talvez... bem, você sabe,... tomar lanche comigo?". Pode ser que a pessoa ria e responda zombeteiramente: "Com você? Nem pensar!". A opinião formada a partir da primeira experiência influenciou seu modo de agir na segunda, o que, em troca, ajudou a criar a nova resposta ofensiva, reforçando e solidificando uma autoimagem negativa.

Depois desses dois eventos difíceis na formação da autoimagem, é pouco provável que você venha a fazer novas tentativas de aproximação nos próximos anos. Nesse momento, mesmo que as duas situações já tenham desaparecido de sua memória, a autoimagem criada ainda estará no subconsciente, influenciando seu modo de agir como uma parte importante do "Quem você pensa que é".

Imagine como essas experiências afetam os relacionamentos. Tenho certeza de que você tem suas próprias histórias – quando se sentiu embaraçado, quando riram de você, quando não se sentiu à altura de alguém. O que é imperativo lembrar é que sua essência não é o que os outros dizem que você é nem mesmo aquilo que você pensa ser naquele momento. Na verdade, você é o filho indestrutível de um Universo dourado. *Simplesmente ser parte do Universo já é a maior honra que alguém pode ter. Você foi escolhido – escolhido para existir, escolhido para estar aqui neste momento do tempo quando pode ter o melhor relacionamento possível.* O Universo é magnificente e você também. Trabalhe com essa ideia. Sinta, acredite, saiba disso no mais íntimo de seu coração.

A ideia de que as pessoas são menos do que perfeitas deu origem à expressão: "Bem eu sou apenas humano", o que significa que somos meros seres humanos sujeitos a erros. Apenas humanos? Que grande bobagem! E que tal maravilhosamente humano, fabulosamente humano, estupendamente humano, miraculosamente humano, fantasticamente humano, fenomenalmente humano ou *gloriosamente* humano? Você aprendeu com seus erros? Claro que sim. Mas, na maior parte do tempo, as pessoas enfatizam "o erro" mais do que a lição aprendida.

O que mais costumamos ouvir quando estamos crescendo é "você está errado", como se houvesse alguma coisa errada *conosco*. É muito provável que as pessoas de sua vida nunca lhe disseram: "Há um erro aqui, mas você é um ser perfeito aprendendo a usar seu corpo e seu cérebro, o que acontece com a prática. Na prática, você vai fazer coisas que parecem erros e *pode parecer* que falhou, mas sempre será um ser perfeito evoluindo ao longo de sua própria jornada para a iluminação". Essa é a verdade.

REMODELANDO O QUE VOCÊ PENSA DE SI MESMO

Embora as crenças que cultiva a respeito de si mesmo possam estar profundamente enraizadas, causando desapontamento, dor e até o vício, elas não são irreversíveis. Uma de nossas clientes no Passages Addiction Cure Center, Simone, de 31 anos, acreditava não ser atraente. Na maior parte do tempo, ficava com a cabeça pendida, relaxada e mantinha os ombros para a frente para esconder o volume dos seios. Ela tinha o cabelo comprido e o deixava solto para esconder boa parte do rosto. Contou que tinha muita dificuldade para se entrosar.

Os pais de Simone não a achavam atraente e, basicamente, foram os responsáveis por criar essa péssima autoimagem. Sua mãe gostava de dizer: "Simone, você tem que tratar de aprender a agradar os outros com sua personalidade porque nunca vai conseguir isso com sua aparência". Quando ela estava com 9 anos, seu pai declarou: "Simone, não se sinta mal porque você não é tão bonita quanto as outras meninas da sua classe. Mesmo assim, o papai ama você". Que observações horríveis!

Quando seus pais telefonaram para o Passages, em Malibu, eu atendi a ligação. Eles me disseram que o principal problema da filha deles era que ela não era atraente e sabia disso. Fiquei surpreso, então, quando conheci Simone, porque a considerei muito bonita. Depois de duas semanas no Passages, seu terapeuta procurou-me e disse que sabia qual era o problema de Simone, mas não estava conseguindo fazer progresso; perguntou o que eu poderia fazer. Concordei em conversar com ela.

"Não posso fazer nada se não sou atraente", ela lamentou durante nossa primeira reunião.

"Simone, você é uma das garotas mais bonitas que eu já conheci", respondi.

"Por favor, não brinque comigo", ela disse.

"Simone, olhe para mim", eu pedi. Hesitantemente, ela me olhou, mas bem depressa desviou o olhar.

"Simone", eu disse, "por favor, olhe nos meus olhos e não desvie os seus". Demorou um pouco, mas ela finalmente conseguiu.

"Simone, juro que você é uma das garotas mais bonitas que eu já conheci na vida."

Pedi a ela para que ficasse diante do espelho, junto comigo. Estava relutante, mas insisti. Quando estávamos diante do espelho, pedi para que olhasse para si mesma. Ela disse que não queria e eu implorei que o fizesse, por mim, apenas daquela vez. Falei para ela se manter ereta e tirei o cabelo de seu rosto, prendendo-o no alto da cabeça. Pedi, então, para que desse um sorriso para ela mesma. A diferença foi tão impressionante que até ela mesma podia ver.

O mês de tratamento de Simone no Passages foi um período difícil. No início, foi embaraçoso para ela, mas seguiu as orientações de seus terapeutas. Manteve o cabelo fora do rosto, aprendeu sobre maquiagem, andou com um cabo de vassoura nas costas para melhorar a postura e passou a se vestir de uma maneira que valorizava sua beleza. Quando saiu do Passages, parecia e se sentia como a mulher radiante que realmente era, como se tivesse renascido e, de fato, havia renascido.

Quando seus pais vieram buscá-la, eu estava por perto e pude ver a mãe de Simone com o queixo literalmente caído. Colocou a mão no rosto dela e disse: "Ah, meu Deus!". Não podia acreditar no que estava vendo. A filha, que ela achava tão pouco atraente, estava parada diante dela tão bonita quanto alguém pode ser. Durante a semana final de tratamento de Simone, trabalhamos principalmente para que conseguisse perdoar seus pais e amenizar o sofrimento que lhe causaram. Depois do tratamento, ela se mudou para Malibu e se tornou uma modelo de sucesso. Se você pudesse ver a diferença entre a mulher que entrou no Passages daquela que saiu de lá, iria entender como é crucial ter uma autoimagem positiva.

CRIANDO O QUE VOCÊ QUER SER

Nas páginas seguintes, apresento um exercício simples que vai ajudá-lo a criar uma autoimagem maravilhosa, o que, em última análise, possibilitará que construa o relacionamento que tanto deseja. O exercício está em outro livro que escrevi, chamado *Be who you want, have what you want* [Seja o que quer, tenha o que quer, em tradução livre]. Assim que ler, tente fazer o exercício. Você pode voltar a fazê-lo sempre que quiser ou precisar.

No exercício, faremos uma jornada até o que se chama "nível alfa". Você usará sua imaginação para criar uma autoimagem para ser sobreposta àquela atual, que é a "Quem você pensa que é". Sua nova imagem será "Quem você quer ser". A primeira parte do livro apresenta a meditação para a etapa "Seja o que você quer". Boa parte do exercício é feita para que isso venha à tona. Assim que você chega à imagem do que quer ser, a parte do "Tenha o que você quer" acontece naturalmente.

Sem perceber, você passou a maior parte da vida tentando viver em sintonia com seu eu perfeito, enquanto lutava com os efeitos negativos da imagem "assumida", impressa em sua mente por seus pais, professores, amigos e até por você mesmo, conforme foi acreditando nos atributos negativos que ouviu dos outros. Você encerrará essa batalha através da criação de uma nova imagem que combina com seu ser perfeito.

O nível alfa é um estado mental muito relaxante. Você passa por ele um pouco antes de adormecer e um pouco antes de acordar. Quando se sente flutuando quase antes de acordar, aí está o estado alfa. Nesse nível, ficamos todos mais abertos à sugestão.

Ao entrar mentalmente no estado alfa, tudo pode ser do jeito que você quer e imagina. Assim que chegar lá, encontrará sua imagem subconsciente perfeita e a vivenciará com a mente consciente. Ao experimentar a imagem perfeita subconsciente, sua mente consciente será influenciada de forma poderosa. E começará a agir de acordo com sua imagem perfeita, como se fosse a única visão de si mesmo. Ao agir de acordo com sua imagem perfeita, naturalmente, você provocará resultados diferentes em sua vida – resultados diferentes daqueles produzidos por sua autoimagem antiga e danificada. Você verá a si mesmo como deveria ter sido, como se já existisse a "imagem perfeita" em seu subconsciente.

Isso significa que verá tudo perfeito em você – a parte física, a profissional, a social, a escolar e todas as outras que o integram. Saturará a dimensão de sua mente que forma sua consciência diária com imagens subconscientes de seu ser perfeito. Reescreverá a imagem falha que tinha de si mesmo com uma nova, maravilhosa e luminosa, que é seu verdadeiro eu.

O resultado disso é que se sentirá imensamente mais satisfeito com você mesmo, agirá a partir da imagem mais profunda do subconsciente que lhe trará resultados consistentes com sua perfeição. Essa é uma das maneiras mais eficazes para transformá-lo no que quer ser. Assim que ultrapassar essa etapa, conseguirá imaginar que seu eu perfeito lhe trará o que você quer? Claro que sim!

Conforme for lendo estas páginas e fazendo o exercício, estará percorrendo a jornada até o nível alfa; experimente o privilégio de entregar-se. Dê a você mesmo a oportunidade de flutuar com as palavras. Leia devagar, perceba a revelação das palavras e pare com frequência para permitir que sua imaginação assuma o comando. De início, exigirá alto grau de concentração, porque os pensamentos do dia a dia se intrometem no processo. Conscientemente, deixe-os de lado e fixe a atenção naquilo que está fazendo.

Ajuda muito ter uma música suave – sem letra – preenchendo o ambiente. As flautas são sempre uma boa escolha. Caso você queira contar com a companhia da música, certifique-se de que o áudio vai durar toda a jornada, talvez uns vinte minutos.

Em estado alfa, você verá as coisas de um modo particular, de qualquer forma, correto. Se, por exemplo, ouvir que imaginará escadas douradas, qualquer tipo e formato de escada que imaginar estará correto. Pode ser uma escada em espiral, estreita, redonda ou quadrada. Podem fazer você subir depressa ou devagar. Se ouvir que visualizará um lago, ele poderá ter a largura de uma rua ou de um estádio de futebol. O que quer que veja, está correto para você.

Talvez você ache que está formando a imagem perfeita com a imaginação. Não é isso. Na verdade, você está trazendo à tona a imagem perfeita já existente na Fonte Onde Tudo É. O mesmo é verdade para os campos, lagos, pedras, flores, cascatas e outras partes de seu lugar ideal para relaxar, trazido da Fonte. Coloco a palavra Fonte com letra maiúscula para que tenha em mente que ela é a Fonte, a consciência e a prontidão total do Universo. Você não está sozinho; o Universo está consciente de sua busca. E se está alerta a o que você está fazendo agora, vai ajudá-lo.

Se desejar um pouco de música de fundo, esse é o momento de ligar o aparelho. Desligue os telefones, a televisão e proteja-se de qualquer tipo de interrupção. Dê esse exercício de presente para você. Permita que sua mente flutue livremente nesse mundo perfeito de sua imaginação. Não resista.

MEDITANDO SOBRE SEU EU PERFEITO

Comecemos, então, essa jornada libertadora. Encontre uma poltrona confortável e relaxe. Vagarosamente, solte o ar dos pulmões e mantenha-os assim por um instante.

Agora, também bem devagar, aspire. Bem devagar, devagar mesmo, encha os pulmões na capacidade máxima, e prenda a respiração por três ou quatro segundos. Expire bem devagarzinho, repetindo, mentalmente, três vezes: relaxe, relaxe, relaxe... Quando os pulmões estiverem novamente vazios, mantenha-os assim por um momento.

A seguir, aspire lentamente, enchendo ao máximo os pulmões. Segure um pouco a respiração e expire devagarzinho, repetindo três vezes a palavra "relaxe".

Experimente como é bom estar nesse estado de relaxamento. Sinta as pálpebras relaxadas. Mova a cabeça de um lado para o outro e sinta os músculos do pescoço relaxarem. Deixe esse sentimento flutuar para baixo, relaxando todo o corpo.

Conforme eu for mencionando o nome de cada parte do corpo, primeiro, tencione um pouco os músculos da área e, a seguir, relaxe-os.

Sinta agora os músculos do rosto relaxarem... os ombros... o peito... as costas... os braços... os pulsos... as mãos e dedos... a cintura... o quadril e as coxas... os joelhos... as panturrilhas... os tornozelos... os pés e dedos.

Agora, calmamente, expulse todo o ar dos pulmões e suspenda a respiração por três ou quatro segundos. Devagar, bem devagar, inspire e encha os pulmões na capacidade máxima e prenda o ar por três ou quatro segundos, depois esvazie-os, repetindo três vezes a palavra "relaxe".

Leia o exercício, sem pressa. Com a redução do ritmo da respiração, você está pronto para experimentar um nível mais profundo e mais relaxado de consciência. Mentalmente, conte de trás para frente, de um a dez – um número para cada inspiração e um para cada expiração. A cada número descendente, sinta-se relaxado, cada vez mais relaxado, enquanto seus ciclos mentais começam a ficar mais lentos e você entra em um estado semelhante ao de antes de adormecer. Conforme for contando, permita-se flutuar, com suavidade, para o nível de pré-dormência.

Dez... nove... oito... uma respiração para cada número, flutuando devagar para baixo, flutuando, flutuando. Sete... seis... cinco... flutuando como uma pena, suavemente, para baixo até o estado mental de antes de adormecer. Quatro... três... para baixo, para baixo. Dois... um.

Você está agora em um estado mental mais relaxado e profundo, sente-se calmo e repleto de paz. Use esse nível profundo para atingir um estado mental ainda mais relaxado. Bem devagar, expire todo o ar dos pulmões e mantenha-os assim por um momento. Inspire vagarosamente, indo cada vez mais profundo em direção ao estado mental de antes de dormir.

Esse é o nível no qual tudo é exatamente como você quer que seja. Esse é o nível de energia no qual você está sempre no controle total.

*****

Agora, imagine pradarias cobertas por uma grama verde exuberante. Com os olhos da mente, visualize lindas flores multicoloridas, por todos os lados. O Sol está brilhando docemente. Há uma brisa suave, que move delicadamente a grama. Existem grandes e convidativas rochas espalhadas por ali. Os pássaros cruzam o ar cantando. As borboletas flutuam gentilmente na brisa. Esse é um cenário perfeito. Sinta a sensação de estar nesse campo verdejante.

No centro dos prados, há um lago. As árvores crescem na borda. Graciosamente, alguns galhos mais baixos tocam a água.

Caminhe sobre a água e olhe para baixo, verifique a limpidez, como parece um cristal. Veja os pequenos e coloridos peixes nadando amigavelmente. Observe os juncos crescendo na margem e a pequena ilha no centro do lago.

Do outro lado, há uma cascata de uns três metros de altura, cujas águas brotam da Fonte Onde Tudo É. Veja-as caindo e mergulhando no lago, a luz do Sol rebrilhando na água e o arco-íris formado com as minúsculas gotas trazidas pelo vento. Caminhe ao redor da cascata e sinta as gotículas. A temperatura está ótima. Tire suas roupas e tome um banho na cascata. A água está na temperatura certa. Ah... como é boa a sensação!

Mentalmente, erga as mãos sobre a cabeça e vire-se. Sinta a água escorrer pelas mãos, braços, cabeça, ombros, peito e costas – refrescando-o, limpando-o e levando embora tudo aquilo de que você quer se livrar. Sinta essas águas mágicas, enquanto elas levam embora todo seu cansaço, como uma poeira sendo lavada, deixando você forte e refrescado, cheio de vigor e vitalidade.

Sinta as águas mágicas lavarem todos os sentimentos de ressentimento e de frustração. Permita que todos sejam diluídos e flutuem para longe de você, liberados pela água da cascata. Deixe toda culpa e ansiedade, todos os sentimentos pecaminosos e depressivos serem levados embora. Imagine que são sujeiras lavadas e eliminadas pelas águas poderosas, deixando-o limpo, íntegro, puro, inocente, virtuoso e livre.

Essas águas mágicas curam você de todas as doenças. Entregue-se ao poder curativo delas. Sinta a força natural de cura, enquanto se banha. Dentro dessa água, você pode respirar. Respire! Sinta a água percorrer todo seu corpo, purificando cada célula, cada osso, cada órgão, fazendo-os explodir e brilhar de saúde e vitalidade. Experimente-a escorrendo e passando por todo o corpo, emocionando e preenchendo você com seu poder. Sinta a cascata lavando tudo que você gostaria de limpar, deixando-o puro e livre. Agora, respire profundamente pelo nariz e deixe o ar sair com vagar pela boca, fazendo barulho com os lábios... "bbrrrruuur"... Faça o mesmo outra vez.

Saia de baixo da cascata e fique em pé na margem do lago. Sinta o Sol gentilmente aquecendo-o, limpando-o e purificando-o; os raios solares brilham através de seu corpo, preenchendo-o de luz, fazendo-o irradiar e fulgurar. Sinta a brisa secar e penetrar em seu corpo, devagarzinho, curando-o, fazendo-o sentir-se luminoso e livre. Imagine-se com uma roupa branca, macia, radiante e luxuosa.

Mentalmente, crie uma poltrona para se sentar. Pode ser de qualquer material – madeira, tecido e, até mesmo, ar. Para você, esse é o lugar mais confortável do mundo. Acomode-se muito bem na poltrona e relaxe. Sinta quão confortável é esse lugar – quão perfeito! Observe o céu azul, as nuvens brancas ocasionais e os passarinhos voando. Tudo aqui é exatamente como você gostaria que fosse. Você tem nas mãos o controle completo. Esse é o seu lugar perfeito de paz ideal e relaxamento. É o seu lugar, exclusivo. Você o trouxe à tona da Fonte Onde Tudo É e ele é realmente seu. Aqui você pode decidir como tudo é e acontece. Aqui você está totalmente no comando.

*****

Agora traga à tona a imagem de seu ser perfeito, vendo a si mesmo exatamente como quer que seja. Veja sua imagem perfeita parada, em pé, encarando-o a cerca de um metro e meio de distância, usando a mesma roupa branca que você está vestindo. Veja tudo mais o que deseja ser. Observe como você parece natural. Olhe para seu cabelo e veja a cor. Note a textura da pele. Faça sua imagem perfeita erguer as mãos e girar o corpo. Observe cuidadosamente as costas e deixe-a virando, até encará-lo novamente. Enquanto gira, veja que imagem graciosa e charmosa.

Levante da poltrona e caminhe até sua imagem perfeita. Olhe bem dentro dos olhos dela e veja como são límpidos. Sorria para ela e veja sua imagem perfeita sorrindo de volta para você. Sua imagem perfeita sabe tudo que é preciso saber sobre você – e ama você completamente.

Você e sua imagem perfeita devem levantar o braço direito um na direção do outro e encostar os pulsos. Sinta toda força e energia saindo de sua imagem perfeita e sendo transmitida para você. Veja-se brilhando. Veja sua imagem perfeita brilhando.

Soltem os pulsos e veja sua imagem perfeita se virar, ficando de costas para você. Ande diretamente para as costas dela até que você "entre" em sua imagem perfeita.

Agora, como já havia feito sua imagem perfeita, erga as mãos acima da cabeça e gire o corpo. Veja como se sente maravilhoso. Como está gracioso. Dance um pouco. É forte e leve! Caminhe para sua poltrona muito confortável e descanse um pouco como sua imagem perfeita. Que sentimento agradável! Você está bem relaxado e mantém o controle de tudo. Esse é o seu verdadeiro eu.

Repita as seguintes frases, bem baixinho:

> *Desse momento em diante, eu estou no controle de todas as situações. Sempre saberei as palavras exatas para falar. Sempre saberei a exata atitude a tomar e assim será. A partir de agora, terei uma saúde boa e vigorosa. Terei os bens materiais que quiser porque agora tenho a energia e a sabedoria para conquistá-los e assim será. Terei paz e harmonia em minha vida. Terei amor em abundância e assim será. Eu agora determino todas essas coisas para mim e assim será daqui para a frente.*

Agora, por alguns minutos, crie com sua imaginação o relacionamento perfeito que deseja para si. Feche os olhos e veja-o, detalhadamente. Veja a si mesmo interagindo com seu parceiro. Perceba como se sente sendo totalmente amado e como se sente amando totalmente seu companheiro. Sinta o amor. Veja a si mesmo sendo cuidado, amparado, mimado, recebendo confiança e sendo capaz de confiar integralmente em seu parceiro. Sinta aquela confiança inabalável pela qual seria capaz de arriscar a vida. Veja tudo isso se prolongando até o último de seus dias. Desfrute de seu relacionamento perfeito agora que finalmente consegue experimentá-lo. Saiba que todas as coisas benéficas que visualizou já estão a caminho para você e assim será.

*****

Agora que você visualizou o que quer, está na hora de ascender para sua nova vida. Cruzando o lago, existem dez degraus dourados que o levarão a uma nova consciência diária. Veja como a luz do Sol reflete nos degraus, como brilham. Da mesma forma que sua perfeita imagem, suba agora esses degraus.

Em síntese, você os subirá com toda energia, amor e paz que visualizou para si mesmo aqui nesse lugar perfeito de força e relaxamento ideais. Subirá e deixará para trás tudo aquilo que lavou nas águas da cascata e que se transformou em um nada absoluto. Você está livre. Você está puro. Você está íntegro. Você está virtuoso. Você está poderoso. Você é uma pessoa capaz de sentir amor e de aceitar ser amado. Mantenha essa imagem de si mesmo com toda energia em sua mente.

Vagarosamente, suba a pequena escada, degrau por degrau. Em um, inspire; no outro degrau, expire... Um... dois... três... quatro... cinco... Faça uma pausa e vire-se para admirar o paraíso que criou para si mesmo. Veja o lago, as árvores e as flores. Veja a cascata e o céu azul. Há um magnífico arco-íris que atravessa a paisagem, de um lado a outro. Veja como brilha e reluz. Aqui, nesse lugar perfeito, tudo é exatamente do jeito que você quer que seja.

Você pode retornar aqui toda vez que quiser. Basta desejar e chegará, instantaneamente. Aqui, você pode se refrescar na cascata e lavar toda fadiga, frustração e tudo o mais que queria fazer desaparecer. Pode respirar fundo e beber a água curativa para encher-se de virtude, força e saúde. Descansar na poltrona e trazer da Fonte todas as coisas e eventos que desejar. Você pode receber ideias e inspiração e também criar bens materiais e situações que queira para você.

Nesse lugar ideal, você pode fazer sua imagem perfeita surgir a qualquer momento. Podem olhar-se com carinho, e você perceberá como cada vez mais está se transformando em sua própria imagem perfeita. Porém, o mais importante é: procure trazer de novo à mente as imagens de seu relacionamento perfeito. Caso esteja em uma fase instável no relacionamento, vá até seu lugar ideal de relaxamento e procure orientação. Livre-se dos problemas e, em vez disso, visualize a situação maravilhosa que deseja. Permita que as soluções venham até você.

Agora, sendo a sua imagem perfeita, continue a subir a escada em direção da consciência diária. Suba um degrau, inspirando; suba outro, expirando. Seis... suba com energia, virtude e amor. Sete... sinta-se renovado. Oito... sinta calma e paz. Nove... sinta-se mais alerta. Dez... sinta-se bem descansado, como se tivesse acabado de acordar de uma ótima noite de sono. Você está de volta, sendo a sua imagem perfeita, que não mente, não tem maus hábitos, é poderosa, virtuosa, livre para ir e vir de acordo com sua vontade, está em sintonia com Tudo-Que-É e ama você completamente. Confie nela para saber o que fazer em qualquer situação. Confie nela para saber como cuidar de você e das pessoas que ama. Confie!

*****

O exercício que você acaba de realizar é um enorme patrimônio conquistado em sua jornada para tornar-se quem quer ser e ter o que deseja. Quando você inunda sua mente consciente com a imagem de seu ser perfeito, ela fica encharcada de bens, virtudes e poderes dessa imagem. Em breve, conforme der continuidade ao exercício, você começará a agir a partir do estágio de sua imagem perfeita e, consequentemente, passará a gerar resultados de acordo com ela.

Ao longo das semanas, quando você se familiarizar com sua imagem perfeita, de forma natural e sem esforço, começará a agir e reagir como ela. Quando estiver falando com outra pessoa, realizando uma tarefa ou se envolvendo em qualquer outra atividade, imagine-se como sua imagem perfeita e deixe-se ser daquela maneira. Ao ser "Quem você é" criará sua realidade, momento a momento. *O Universo sempre responde de acordo com o que você é a cada momento.*

"Quem você pensa que é" mudará, conforme o seguimento desse programa. Você está passando, agora, pelo mesmo processo de uma lagarta para se transformar em borboleta. Deixe-o acontecer e voe. Acredite que é aquela pessoa superespecial que conheceu em sua jornada até o nível alfa, porque naquele estágio *você é* essa pessoa. Ao vivenciar sua imagem perfeita, você trará esse ser para a superfície de sua vida e tudo será diferente – muito melhor, muito mais luminoso, muito mais fácil e bem mais possível. Descarte todos os aspectos de "você" que não estão de acordo com sua imagem perfeita. Ou seja, abandone o medo, o fumo, álcool, drogas, blasfêmias, fraquezas, mentiras, maldades, mesquinharias e todas as limitações que são obstáculos para a conquista de suas metas.

A imagem de "Quem você pensa que é" está por perto, desde que você nasceu. Sua imagem perfeita estará por perto até o fim dos tempos. Ela está em uníssono com a eternidade. É tão brilhante, fresca e poderosa como o primeiro maravilhoso dia do Universo. É toda-poderosa. Ela é você.

*****

O exercício de meditação e a jornada até o nível alfa também estão disponíveis em áudio. Assim, você pode apenas fechar os olhos e deixar minha voz guiá-lo pelo caminho de renovação de sua autoimagem (para saber mais sobre o áudio, chamado *Meditation on the perfect you*, ou sobre o livro, *Be who you want, have what you want*, visite o site: <http://www.powerpresspublishing.com>).

Ação para a Lei 8
Se quiser ser amado, ame a si mesmo

O poder de se acolher e se cuidar

Quando você ama a si mesmo, tudo mais entra em sintonia.

Lucille Désirée Ball, atriz americana (1911-1989)

O amor por si mesmo começa com o acolhimento. Cuidar de você mesmo – física e emocionalmente –, trará muitos efeitos positivos para sua vida e seu relacionamento, porque as pessoas à sua volta respondem de acordo com a maneira que você se trata.

Além da questão da autoimagem, existe uma razão muito importante e bem prática para amar a si mesmo. Quando você se ama, vai saber cuidar de si mesmo. E, quando está em um relacionamento, tudo o que faz para cuidar e fortalecer a si mesmo vai, por sua vez, nutrir e encorajar seu parceiro e a relação.

Quando estava escrevendo este livro, pedi para minha esposa, Lyn – doutora em Medicina chinesa tradicional –, que compartilhasse o que enxerga como ingredientes indispensáveis para um relacionamento gratificante. Uma de suas contribuições apresenta muito bem essa questão: "Cuidar de seu próprio bem-estar físico, mental e emocional é o mesmo que cuidar de seu companheiro. Essa é a semente da habilidade de compartilhar felicidade. Trabalhar a si mesmo diariamente para trazer à tona o seu melhor é o mesmo que trabalhar a parceria. Isso representa os tijolos que constroem a parceria – o seu futuro".

Caso esteja pensando por onde começar a amar a si mesmo, inicie pela pedra fundamental: seu corpo. A mente, as emoções e o corpo estão interconectados. Seu estado mental e seu humor afetam sua condição física. Sendo assim, o estado de seu corpo é um fator importante para o modo de pensar e sentir. Para se colocar em um estado mental saudável – e atrair para si os pensamentos saudáveis e amorosos dos outros – faça mudanças no jeito que trata seu corpo, no jeito que cuida de si mesmo.

- Pergunte-se: O que eu poderia fazer esta semana para amar e cuidar de meu corpo? Talvez seja apenas sentar diante de refeições saudáveis que lhe tragam mais energia em vez de pesar no estômago ou, quem sabe, eliminar algum alimento ou substância pouco saudável da dieta ou dormir um pouco mais. Identifique um único ponto para deixar seu corpo mais leve e vibrante e comprometa-se a cumpri-lo.

- Acrescente exercício físico à agenda. Mova-se, dance, corra, vá à academia, ande de bicicleta, pule para cima e para baixo. Ou faça musculação, jogue basquete, pule corda, nade, lute boxe, faça abdominais. Mexa-se! Saia para respirar! Se você não se movimentar todos os dias, vai se privar de um dos melhores e mais produtivos aspectos da vida. Você pode envolver seu parceiro nessa atividade física. E rir – muito!

LEI 9

A FELICIDADE QUE VOCÊ PROCURA É INTERIOR

A cada manhã, quando abro os olhos, digo a mim mesmo: Eu, não os eventos, é quem tem o poder de me fazer feliz ou infeliz hoje. Posso escolher como vai ser. Ontem já foi, amanhã não chegou ainda. Então, tenho só um dia e eu vou ser feliz hoje.

Groucho Marx, comediante e ator estadunidense (1890-1977)

Muita gente acredita que encontrar o parceiro ideal possibilitará o surgimento de um relacionamento perfeito e, assim, será feliz para sempre. Essa crença é o que faz você pular de um relacionamento para outro com os mesmos resultados insatisfatórios, ou manter o foco em um, reclamando eternamente dos mesmos comportamentos irritantes de seu parceiro. Se você pensa que para consertar o relacionamento precisa consertar seu companheiro é porque acredita que sua felicidade depende desse relacionamento. As consequências dessa ideia são enormes. Quando a felicidade e o sorriso em seu rosto dependem do que seu parceiro fará ou deixará de fazer, você também estará feliz ou infeliz se o relacionamento vai bem ou vai mal ou se o humor de seu companheiro está em alta ou em baixa. Só existe uma coisa da qual você pode depender para ser feliz: você.

Se você analisar sua motivação para fazer alguma coisa, inclusive buscar o relacionamento de seus sonhos, perceberá que faz tudo porque considera que assim será feliz. Essa foi uma das lições mais importantes que aprendi com os participantes das oficinas que coordenava há alguns anos. No primeiro dia, eu perguntava a cada um deles por que havia escolhido aquelas metas e a resposta era sempre a mesma: "Porque isso vai me fazer feliz". Todo mundo buscava a felicidade. Uma vez, uma mulher afirmou que não buscava a felicidade por ela, mas queria ser feliz para fazer seus filhos felizes. Mesmo assim, quando perguntei a ela por quê, a resposta foi: "A felicidade dos meus filhos me fará feliz". Essa é a meta primária de *todo mundo*. Perguntei a uma mulher, que estava participando da oficina na esperança de conquistar seu relacionamento ideal, se desistiria dessa busca caso tivesse a garantia de que seria absolutamente feliz para o resto da vida. Ela respondeu que desistiria daquela busca, imediata e alegremente. Acho que você também considera isso verdade. E eu escrevo o seguinte: não pretendo desencorajá-lo na busca pelo relacionamento ideal, mas gostaria de atentar ao fato de que, na verdade, existe uma meta primária muito mais importante. Isto é, conquistar a felicidade. Essa simples mudança de perspectiva pode causar uma enorme diferença no relacionamento.

Saber que a felicidade também é a meta de seu companheiro, facilitará sua ajuda, especialmente se você comunicar a ele sua mais recente descoberta. Por exemplo, quantas vezes alguém fez um pedido, um comentário ou agiu de um jeito que fez você se perguntar: "O que eles estão pensando?". Bem, agora você já sabe. Assim como você, seu parceiro de relacionamento é impulsionado por aquilo que acredita que poderá fazê-lo feliz ou que ajudará a evitar algum tipo de sofrimento. Quando você entende isso e consegue se colocar no lugar dele, será capaz de ser mais compreensivo e compassivo. Você pode até discordar do que ele está dizendo ou fazendo, mas se compreende que a meta real dele é a felicidade, chegará a um caminho melhor.

A ÚNICA CONSTANTE: VOCÊ

Embora você deva cuidar ao máximo de seu relacionamento, lembre-se de que chegou sozinho a este mundo e de que partirá sozinho. Em vez de sobrecarregar seu relacionamento com a responsabilidade de fazê-lo feliz, torne-se feliz pela qualidade dos próprios pensamentos, por viver em harmonia com as verdades do Universo e por desfrutar de todo seu potencial no dia a dia. Quando atingir esse objetivo, você estará feliz e calmo e também será capaz de fazer feliz seu parceiro, porque ele estará na companhia de uma pessoa feliz.

O fato de que você e só você pode se fazer feliz ou triste é muito mais reconfortante e apropriado do que ficar na dependência de que algo externo lhe traga a felicidade que procura. Isso significa que você está no controle e pode realizar mudanças nas circunstâncias e fazer novas escolhas.

Encare isso da seguinte maneira: todo plano do qual participa e toda atividade da vida têm uma única constante: você. Não quero dizer que você será sempre o mesmo, mas será sempre parte do plano. Todo o resto vem e vai – amigos, pais, bens materiais, condições, situações, sócios e até mesmo relacionamentos. *No entanto, a real felicidade vem de um componente que está sempre presente: você.*

Se seu companheiro está sempre bravo ou aborrecido, fica difícil manter um estado mental alegre. Apesar disso, você deve fazê-lo de qualquer forma. Existe um antigo ditado, que afirma: "As boas maneiras dão certo até com gente irritadiça". Se conseguir não permitir que a irritabilidade dos outros afete sua atitude agradável, além de ser mais feliz, você influenciará positivamente o comportamento deles. "Seu sucesso e felicidade estão dentro de você. Tome a decisão de ser feliz e sua alegria e você formarão um escudo invencível contra as dificuldades", disse Helen Adams Keller, escritora e ativista social estadunidense. Ou como ensina o Dalai Lama: "A felicidade deriva principalmente de nossa própria atitude muito mais do que de fatores externos. Quando a sua atitude mental está correta você se sentirá feliz até mesmo em uma atmosfera hostil".

Assumir a responsabilidade pessoal de manter-se feliz diante dos eventos que acontecem na vida exige prática. Por causa de todas as experiências condicionadoras vividas anteriormente, pode ser bem difícil realizar essa mudança. No entanto, se assumir essa verdade em seu coração – a de que você tem o poder de escolher como quer se sentir – e colocá-la em prática, conforme o passar do tempo, você se verá vivendo mais feliz, sorrindo mais e até mesmo dando mais risadas.

Você é o portal através do qual a vida se desenvolve. Tudo o que ouve, experimenta, cheira, sente, vê e vivencia é a vida se desenrolando através de você. Se conseguir manter-se alerta para isso e, intencionalmente, escolher ser o portal pelo qual a felicidade surge, você será a alegria compartilhada, a alegria de estar junto e a alegria de amar.

Cada um de nós deve trilhar o próprio caminho

Até agora tenho falado sobre essa lei sob a sua perspectiva – como você pode estar colocando a responsabilidade pela sua felicidade em seu parceiro, inconscientemente culpando os outros pela forma como você se sente. O inverso, porém, também é verdadeiro: você não deve ser responsável por fazer seu parceiro feliz, pelo menos não o tempo todo. Você pode fazer isso por períodos curtos, mas a felicidade duradoura é responsabilidade pessoal de cada um. Você não é um mestre de marionetes, que precisa manter seu boneco sorridente e feliz com um truque após o outro.

De vez em quando, por causa da forma como fomos condicionados, culpamos a nós mesmos quando o casamento ou relacionamento não vai bem, apesar de termos feito todo o possível para dar certo. É até possível que você descubra que está constantemente tentando se moldar à imagem que seu companheiro considera ideal, na aparência, no comportamento e nas atitudes. Ao fazer isso, por considerar-se, de forma equivocada, responsável pela felicidade dele, esteja negando o que realmente quer ser, quem você realmente é. No outro lado do espectro, você pode se encontrar bravo ou aborrecido com seu companheiro, sem perceber que está, na verdade, rebelando-se contra a expectativa de que deve fazê-lo feliz. Você percebe, com certeza, como esse conceito distorcido – de que os outros são responsáveis pela nossa felicidade – pode causar estragos nos relacionamentos.

Você deve seguir seu próprio caminho. Toda teia de aranha é diferente de qualquer outra teia de aranha. O rosto de toda pessoa é diferente do rosto de qualquer outra pessoa. Nenhuma folha é igual a qualquer outra folha. Todo floco de neve é diferente de qualquer outro floco de neve. Tudo é diferente de todo o resto – a diversificação do Universo é *total*.

Portanto, você pode supor que seu caminho até a iluminação e o que deve fazer para cumprir a missão de estar aqui neste mundo são diferentes dos de todas as outras pessoas e deve mesmo ser diferente! Você está destinado a seguir seu próprio caminho, mesmo que seja junto com a pessoa com quem você mantém um relacionamento. Isso quer dizer que, em seu relacionamento, você deve assumir a responsabilidade por si mesmo e manter sua individualidade. Você deve continuar a ser você mesmo.

Ação para a Lei 9

A felicidade que você procura é interior

O poder de escolher ser feliz

Minha filosofia não é apenas que você é responsável pela própria vida, mas fazer o melhor nesse momento coloca você no melhor lugar para o próximo momento.

Oprah Winfrey, atriz e produtora americana (1954-)

Aprender a viver de acordo com a verdade de que a felicidade que procura só pode vir de dentro pode ser profundamente transformador em sua vida. Se você responsabiliza seu parceiro pelo que sente, está, na realidade, abrindo mão de uma enorme oportunidade para assumir a ação sobre você mesmo e causar uma mudança significativa em sua vida e em seu relacionamento.

A mudança começa com sua prontidão. A seguir, estão algumas questões que você deve fazer a si mesmo, para refletir sobre seus hábitos de felicidade.

- Quando me sinto aborrecido, mau humorado, deprimido ou vazio, culpo meu companheiro, meus amigos, família ou, até mesmo, meus colegas de trabalho ou chefe por sentir-me daquele jeito, em vez de tentar ver como poderia ajustar meus pensamentos, sentimentos e ações?

- Acredito que se meu parceiro parasse de falar ou fazer determinada coisa, minha vida seria muito melhor?

- Acredito que não ter um companheiro é a principal causa de minha infelicidade?

Se você respondeu "sim" a alguma dessas perguntas, faça o possível para ajustar-se à ideia de que deve assumir a responsabilidade pelo que sente. Dê os passos necessários para tornar-se feliz. E a maneira de tornar-se feliz é *ser* feliz.

Como uma pessoa livre para pensar e desejar, você tem o poder de escolher o jeito que quer se sentir. Em todas as situações, se escolher ser feliz em vez de triste, bravo ou magoado, vai perceber que no final do dia, da semana, do mês, do ano e de toda a vida, passará muito mais tempo sendo feliz.

LEI 10

SEU RELACIONAMENTO SERÁ DURADOURO QUANDO SE TORNAR PRIORIDADE

A perseverança é a qualidade soberana.

James Russell Lowell, poeta americano (1819-1891)

Todos os relacionamentos correm o risco de que os desacordos e os mal-entendidos que surgem acabem provocando uma separação. Diante desses perigos, se você seguir em frente sem ter em mente como meta absoluta a longevidade do relacionamento, vai achar que ele continua, ou não, conforme o dia. Perseverar é seguir adiante até o final – continuar enfrentando os obstáculos, as dores, os cansaços, as frustrações, as oposições e as dificuldades. A perseverança é uma condição que não se desgasta. Para se comprometer com a meta da perseverança – a meta de manter permanentemente seu relacionamento –, você vai estabelecer um padrão de comportamento que servirá para avaliar todas as ações e decisões.

Para desfrutar de uma vida gratificante e criar um relacionamento duradouro, você deve colocar a continuidade da relação acima de tudo. Vamos dizer, por exemplo, que seu companheiro não aprendeu ou não foi ensinado a se sentir seguro nos relacionamentos. Além disso, suponhamos que você tem um amigo de quem é muito próximo, há bastante tempo. Imagine que seu parceiro se sinta ameaçado por essa amizade e queira que você deixe de ver a pessoa. Talvez ele sinta ciúme, suspeite de que exista uma atração entre você e seu amigo ou que aquela pessoa esteja influenciando-o de forma negativa. Pode ser que haja centenas de outras razões reais ou imaginárias. O que você faz?

Se você está comprometido com a longevidade de seu relacionamento, a decisão é clara: você para de ver seu amigo. Não faz a menor diferença se o que seu parceiro sente está baseado, ou não, em algo real. A meta é a sobrevivência do relacionamento. Isso quer dizer que você abre mão daquela amizade, imediatamente, de forma alegre, bem disposta e com boa vontade. Você age assim porque toma todas as decisões com o objetivo de possibilitar a continuidade e o desenvolvimento de seu relacionamento.

Colocando seu relacionamento em primeiro lugar

Provavelmente, surgirão em sua mente muitas razões para continuar a encontrar seu amigo. Você pode pensar: "Meu companheiro não está sendo razoável. Eu posso ter amigos fora de nosso relacionamento. Estou sendo indevidamente controlado. Por que eu deveria sofrer quando meu parceiro sente ciúme e fica paranoico?" Você pode até ir mais longe: "Tenho que parar de encontrar meu amigo porque meu parceiro fica inseguro, o relacionamento vale isso? Se atender ao pedido dele e me afastar de meu amigo, onde isso vai parar? O que virá a seguir?". Ou ainda: "Não é um pedido justo – eu também tenho direitos. Por que tudo que faço tem que estar na perspectiva de proteger e preservar o relacionamento?".

No entanto, só existe uma pergunta verdadeira: "Se eu continuar a encontrar meu amigo, meu relacionamento será afetado?". Caso a resposta seja "sim", você deve procurar seu amigo, explicar a situação e colocar a amizade em suspenso.

Todas as razões para considerar o pedido de seu parceiro injusto e inválido devem ser postas de lado, porque para que o relacionamento seja duradouro é necessário esse tipo de compromisso, reflexão e cuidado. Você não gostaria de ter alguém que cuidasse de você assim?

Essa é uma questão de preto no branco; não existem áreas cinzentas aqui. Ou você coloca o relacionamento acima de tudo ou corre o risco de ameaçá-lo. Se falhar ao atender o pedido de seu companheiro, vai ficar infeliz e os dois começarão a discutir. Os fundamentos mais profundos da relação ficarão estremecidos e enfraquecerão.

Quando criança, talvez um de seus pais ou outro adulto tenha infringido seus direitos como ser humano. Pode ser que você tenha jurado nunca mais deixar isso acontecer e, então, parece estar acontecendo de novo. Embora você possa achar que está lutando por seus direitos individuais, a mensagem para seu parceiro é que aquela amizade ou a questão de princípio pela qual luta é mais importante do que ele – e, de fato, é. É simples: se você insistir em manter aquela amizade, estará violando uma das Leis do Amor e pagará um preço por isso.

Assim que seu parceiro entender que seu relacionamento com ele é o aspecto mais importante de sua vida e sentir que a ameaça foi eliminada, você poderá, então, *gentilmente* explorar a possibilidade de que o perigo representado por aquela amizade era apenas imaginário. Talvez, quando seu companheiro perceber que não há nada a temer, você possa reassumi-la e trazer o amigo para passar um tempo agradável com vocês. Pode ser até que os três se tornem amigos. Por outro lado, caso se recuse a abrir mão daquela amizade, como resultado de uma lei natural, você poderá perder seu relacionamento.

Tomando a decisão de proteger o relacionamento

A seguir, apresento outro exemplo, que, inclusive, já mencionei na Lei 2. Suponha que você recebeu uma oferta de emprego que o obrigará a passar muito tempo longe de casa e seu companheiro não queira que você aceite a proposta. O que você faz? Rejeita a oportunidade. Mesmo que o novo emprego pareça essencial, recusará a proposta. Se você aderiu totalmente às Leis do Amor, nem mesmo uma questão de sobrevivência financeira servirá de desculpa para tomar uma decisão que ameace o relacionamento.

Digamos que você decida voltar a estudar para desenvolver uma competência ou talento. É um grande compromisso e, como consequência, seu parceiro e talvez seus filhos tenham que fazer algumas mudanças para se adaptar à sua nova agenda, assumindo mais responsabilidades na casa, pelo menos, por algum tempo. E se seu companheiro simplesmente se recusar a assumir mais essas responsabilidades? O que você faz? A resposta é clara: depois de esgotar todas as possibilidades, se não houver uma solução satisfatória, você tem que, pelo menos temporariamente, desistir da ideia de voltar a estudar. Outra vez: esse é um ponto preto no branco, sem meios-tons. Sua escolha se dá entre proteger ou arriscar seu relacionamento.

Uma situação frequente que surge nos relacionamentos envolve a família de um dos parceiros. Se permitido, os familiares podem arruinar um relacionamento. Suponha que um de seus parentes ou vários deles desgostem de seu companheiro. Você deve fazer todo esforço possível para melhorar o relacionamento entre sua família e seu parceiro. Seja criativo: tente tudo o que puder para remediar a situação. Por fim, no entanto, se não conseguir selar a paz entre eles, você deve limitar ao máximo o contato com sua família ou, até mesmo, romper completamente. É uma decisão difícil, mas você deve sempre optar por proteger o relacionamento com a pessoa que escolheu passar sua vida.

Em poucas palavras, todas as decisões e ações que possam afetar seu relacionamento devem ser tomadas depois de você responder a uma pergunta bem simples e direta: "Minha atitude terá um impacto negativo sobre meu relacionamento?". Se a resposta for "sim", não faça. O padrão é exatamente esse: você deve colocar seu relacionamento em primeiro lugar, acima de *todo* o resto. Se todas as decisões levarem em conta a sobrevivência dele, naturalmente a Lei Universal de Causa e Efeito fará com que perdure. Você tem todo o tempo da vida para tornar seu relacionamento maravilhoso, mas não terá a oportunidade de fazê-lo se não for duradouro.

A seguir, conto a história verdadeira de um casal (os nomes serão mantidos em segredo), que mostra as consequências de tomar decisões que não priorizam a sobrevivência do relacionamento. Eles se casaram quando a mulher tinha 20 anos e ele era um pouco mais velho. Ela era doce, bonita e até um pouco ingênua. De início, o casamento era maravilhoso e eles tiveram vários filhos. Ele conquistou um fantástico sucesso financeiro e o casal se tornou famoso.

Quando a esposa amadureceu, decidiu capitalizar a fama do casal e abriu um negócio, que se tornou um sucesso. Então, abriu outro e mais outro, até que ficou à frente de seis empresas e de negócios, no mundo todo. Nesse ponto da história, o marido pediu o divórcio.

Nós nos conhecemos dez anos após o divórcio e ela ainda tinha o coração partido pela perda do casamento. Chorando, disse-me que não entendia por que eles se separaram. Respondi que a razão mais provável era que o marido havia se casado com uma jovem linda, doce e inocente que se transformou em uma mulher de negócios internacionais, que viajava muito a trabalho e estava diariamente envolvida em questões empresariais. Ele já havia conquistado mais dinheiro do que poderia gastar em uma vida e não queria uma esposa com aquele perfil. A prova disso é que sua próxima esposa era uma jovem doce, terna e inocente, que correspondia perfeitamente ao modelo.

Não estou dizendo que os parceiros não possam realizar suas próprias expectativas e administrar negócios bem-sucedidos ou que cada um não tenha suas metas, nem que um dos dois deva abrir mão de suas realizações. O que digo é que as decisões têm consequências. Nesse caso, se aquela mulher e o marido tivessem levado em consideração as Leis do Amor ao longo dos anos, teriam encontrado uma abordagem diferente frente à questão do trabalho dela. A mulher devia ter perguntado a si mesma – e ao marido – se uma vida empresarial muito dinâmica poderia impactar o casamento. Da mesma forma, se o marido valorizasse o casamento acima de tudo, teria sido honesto com ela sobre como se sentia, quando percebeu que estavam em uma situação de crise. Se os dois tivessem levado em consideração o que ele queria e o desejo profissional dela, talvez tivessem encontrado uma forma de satisfazer ambas as expectativas. E, mesmo que não encontrassem, pelo menos, o divórcio não teria sido uma surpresa e tamanho desapontamento para essa mulher.

Como você pode perceber por todos esses exemplos, as decisões que você toma quando é uma das partes de um relacionamento são diferentes daquelas que assume quando não tem um compromisso amoroso com alguém.

QUEBRADORES DE ACORDO

Com certeza, há o que chamo de "quebradores de acordo". São situações que exigem uma abordagem firme. A seguir, apresento algumas.

Vício: Suponha que seu parceiro use drogas ou álcool em excesso e que isso esteja ameaçando seu relacionamento e também sua segurança. O que você faz? Você protege o relacionamento e insiste para que o excesso acabe. O mesmo vale para outros comportamentos relacionados ao vício – jogo, pornografia, sexo, uso excessivo da internet ou da televisão ou qualquer outro que ameace o relacionamento, o qual deve estar acima de tudo ou não será duradouro.
Faça tudo o que puder ou busque ajuda, mas se o comportamento destrutivo continuar, provavelmente o relacionamento seguirá uma longa e dolorosa trajetória até acabar. A melhor forma de se proteger e preservar o relacionamento é esclarecer tudo. Se seu companheiro valoriza mais o álcool ou as drogas do que o relacionamento e você, então, é melhor terminar tudo rapidamente. Talvez, depois do fim, ele consiga parar de beber e se prepare para retomar o relacionamento. De vez em quando, é preciso deixar os limites bem claros para resolver uma situação desse tipo. No Passages Addiction Cure Center, sempre temos várias pessoas que foram se tratar porque seus companheiros exigiram isso.

Abuso físico: O mesmo se aplica ao abuso físico, que ameaça não apenas o relacionamento, mas sua segurança e de sua família. Quando alguém agride você fisicamente, é um "quebrador de acordo". Caso você ache que merece ser punido, procure um psicólogo e faça terapia. Você realmente não merece ser machucado e existem formas mais saudáveis de eliminar as culpas do passado e as emoções dolorosas.

Abuso mental e emocional: Os abusos mental e emocional devem ser encarados da mesma forma. Coloque um ponto final. Ame a si mesmo. Tenha orgulho de si mesmo. Felicite-se. É assim que seu parceiro conseguirá sentir orgulho e respeito por você. Não se condene a um relacionamento de quinta categoria ao aceitar um tratamento desrespeitoso. Você está em busca de um relacionamento de primeira classe, gratificante e saudável – nada menos do que isso. Tenha essa expectativa, exija isso e vá atrás.

Infidelidade: Se o seu companheiro engana você e tem relações sexuais com outra pessoa, a confiança se foi, o respeito se foi e é pouco provável que retornem ao relacionamento. A confiança, quando se quebra, pode ser recuperada em circunstâncias ideais ao longo de um grande período de tempo, mas raramente acontece. Para a maioria, isso é um "quebrador de acordo". Pode haver outras considerações a fazer, como filhos, finanças, dependência física, família e implicações sociais. Avalie os vários aspectos envolvidos na situação e chegue à sua própria conclusão. Se fizer a escolha de seguir adiante, perceba que estará vivendo um relacionamento de terceira classe por um longo tempo (na Lei 12, você lerá mais sobre a importância do fator confiança no relacionamento).

Quanto você dá de si mesmo?

Uma das dificuldades para colocar o relacionamento em primeiro lugar é simplesmente o desafio de oferecer toda a atenção que ele necessita. E é muita atenção que você deve dar. Nesses dias de comunicação global instantânea, se permitir, sua atenção salta de uma distração para outra. As distrações são de toda forma e tamanho, mas a maioria delas não tem o menor valor para você. Quando você permite que sua mente fique repleta de informações inúteis, negligencia aquelas que estão em seu ambiente imediato – ou seja, aquelas que você ama.

"Prestar atenção ao que está ao alcance de nossas mãos traz grande progresso e boa sorte", diz o *I Ching*. Em outras palavras, cultivar o próprio jardim – prestar atenção na própria família e nas pessoas amadas – tem muito mais valor do que se concentrar nas atividades das celebridades, figuras políticas ou qualquer outro evento interessante. Embora esses temas possam ser fascinantes, na realidade, tem pouco ou nada a ver com sua vida diária ou com seus valores mais importantes. Fique atento!

A quantidade de tempo, energia e atenção que fornece a algo demonstra a dimensão do cuidado que tem. Quanto você dá de si mesmo para o relacionamento? A resposta a essa pergunta está diretamente ligada ao fato de você estar presente, de corpo e alma, ao lado de seu parceiro, a cada momento, e como trata esses momentos.

No livro *Um estranho numa terra estranha*, o clássico de ficção científica de Robert A. Heinlein, há uma bela passagem que aborda o estar presente no momento. A história é sobre um humano, Michael Valentine, criado em Marte e que retorna à Terra, já como um jovem adulto. Ele tem que aprender tudo sobre os costumes e a cultura na Terra, nunca tinha visto uma mulher e possuía habilidades excepcionais aprendidas em Marte. A certa altura da história, um dos personagens principais pergunta a uma das mulheres que Michael beijou por que aquela foi uma experiência tão especial para ela. Com o olhar sonhador, ela responde: "Mike dá a um beijo toda a sua atenção". Explicou que a maioria dos homens, não importa quanto se esforce, mantém parte da mente em outra coisa: se conseguirá pegar o próximo ônibus ou se preocupa com o trabalho, dinheiro ou com o que seus vizinhos podem estar dizendo. E ela conclui: "Quando Mike beija você, ele não faz mais nada. Nada mesmo. Para ele, você é todo o Universo naquele momento".

Essa pequena lição do livro de Heinlein deve ser aplicada a todos os momentos de seu relacionamento. Isso significa o mesmo que todos os sábios iluminados vêm tentando nos dizer, de todas as maneiras: esteja completamente presente em todos os momentos. Também é verdade que, quando entrega 100% de si a algo, está criando as melhores circunstâncias possíveis para seu desenvolvimento.

Existe uma cantiga de crianças chamada "Hokey pokey". Todo mundo faz uma roda e canta: "Você põe o pé esquerdo, você tira o pé esquerdo, você põe o pé esquerdo e balança o corpo todo". Depois, põe-se e tira-se o pé direito e assim por diante com as outras partes do corpo, até cada um entrar inteiro na brincadeira. Pense nessa cantiga como se fosse seu relacionamento.

Quanto de si você coloca em seu relacionamento? Coloca apenas o pé esquerdo e depois se senta, imaginando que está recebendo menos do que queria? O que você entrega ao jogo estabelece os limites do que você vai receber da vida. Tenha o melhor, oferecendo o melhor que tem.

Ação para a Lei 10

Seu relacionamento será duradouro quando se tornar prioridade

O poder da prioridade

O segredo não está em priorizar o que está na sua agenda, mas em colocar na agenda as suas prioridades.

Stephen Richards Covey, educador e autor americano (1932-2012)

Para ter um relacionamento gratificante e duradouro, você deve renovar o compromisso de mantê-lo, sempre que pensar em sua meta. Esse é o verdadeiro compromisso. Ele se renova constantemente até que o objetivo seja atingido e você chegue ao destino de sua trajetória. Quando você é capaz de assumir um compromisso desse tipo, pode alcançar qualquer meta e chegar a qualquer lugar. A seguir, estão algumas perguntas que podem ajudá-lo a focalizar na sempre importante qualidade da durabilidade do relacionamento.

- Tomo decisões importantes em minha vida com base na sobrevivência do relacionamento ou as decisões são primariamente baseadas nas minhas próprias necessidades e desejos?

- Já tive que fazer alguma escolha séria entre algo que eu queria e que meu companheiro não queria? Que decisão eu tomei e quais foram as consequências?

- O relacionamento com a pessoa amada é prioridade em minha vida? Como demonstro ao meu companheiro que nosso relacionamento é mais importante do que tudo mais?

- O que posso fazer para dar mais qualidade, tempo, energia e atenção para nutrir e aprimorar meu relacionamento e a pessoa amada?

LEI 11

A HARMONIA FORTALECE, A DESARMONIA ENFRAQUECE

Muitos casamentos seriam melhores se o marido e a mulher entendessem que estão do mesmo lado.

Zig Ziglar, escritor e orador americano (1926-2012)

Todos nós já passamos por isso e sabemos como os conflitos internos podem nos fazer hesitar quando é hora de agir e seguir em frente. O conflito no casamento ou na parceria tem o mesmo efeito: impede que os companheiros ajam unidos para enfrentar as dificuldades. Quando duas pessoas – parceiros, amantes, marido e mulher – conseguem se comprometer profundamente com o relacionamento, fazem com que reine a confiança, a compreensão e a harmonia. Assim, serão capazes de atingir qualquer meta, confrontar todos os perigos, sobreviver às dificuldades e chegar juntos ao sucesso, sem um passo em falso.

No início deste livro, citei Confúcio, que dizia: "Quando duas pessoas estão unidas / Na intimidade de seus corações, Elas são capazes de quebrar / Até o mais duro ferro ou bronze". Isso acontece porque a harmonia fortalece e o conflito enfraquece.

A palavra *harmonia* deriva do grego e significa união, sintonia e concórdia dos sons. Quando a harmonia prevalece, você realmente tem um relacionamento significativo, que soa e ressoa gratificação. Os conflitos não resolvidos, por outro lado, enfraquecem a energia para superar os perigos, físicos ou emocionais, trazidos pela própria vida em relação à saúde ou, até mesmo, relacionados à sobrevivência.

Nos negócios, a desarmonia resulta em um lugar estressante e ineficiente para se trabalhar. Em família, a desarmonia provoca um ambiente cansativo e empobrecido para se viver, dificultando a prosperidade. Em qualquer tipo de parceria ou organização, a desarmonia é terrível. A desarmonia constante em um relacionamento prejudica não somente a relação, mas faz mal a cada um dos parceiros, enquanto a harmonia energiza e fortalece os dois. Para realizar grandes projetos – e não há maior projeto do que um relacionamento – deve existir união, porque somente com ela é possível concentrar e orquestrar esforços para que as metas sejam atingidas.

Você pode achar que a desarmonia está nas discussões ou nas brigas violentas, mas ela vai além. As constantes e pequenas críticas, os julgamentos precipitados, os comentários sarcásticos e as provocações que menosprezam o outro podem erguer paredes entre você e seu companheiro e destruir um relacionamento, até mais do que uma estrondosa e violenta discussão, que começa e termina rapidamente.

Os conflitos enfraquecem porque as brigas roubam a energia que poderia ser usada não apenas para nutrir o relacionamento, mas também para fortalecer cada um dos parceiros. Os sábios chineses, que viveram há milhares de anos, diziam que não é inteligente obter qualquer coisa pela força, porque aquilo que é assim conquistado terá que ser mantido pela força.

Os sábios diziam tratar-se de uma lei do Universo: qualquer coisa conquistada pela força, por mais que pareça momentaneamente benéfica, acabará causando a infelicidade, de uma forma ou de outra.

Se você pressiona constantemente seu companheiro a fazer uma escolha a seu favor em qualquer assunto que surja entre vocês – desde o que fazer no feriado até como investir o dinheiro – você está, na verdade, conquistando o objetivo pela força. O esforço contínuo de obter algo pela força, inclusive fazer sua vontade prevalecer sobre a dos outros, drena a energia, traz a censura das pessoas e, inevitavelmente, leva ao arrependimento.

Como você encara os desacordos

Estar em harmonia não significa que vocês não terão ou não devem ter desacordos. Isso é parte da vida e dos relacionamentos. Como os desacordos são encarados e resolvidos é que faz a diferença.

Um ponto que pode ajudá-lo a solucionar os conflitos é lembrar que, quando vocês brigam estão, de fato, buscando a harmonia, embora possa não parecer. Você está tentando moldar a outra pessoa para torná-la mais compatível e vice-versa. Na verdade, brigar é tentar encontrar o equilíbrio de uma maneira desequilibrada. As discussões são uma forma pouco refinada e sofisticada de buscar a harmonia e chegar a um acordo; mas se você não aprendeu um jeito melhor, essa é a única maneira que lhe resta. Em vez de discutir agressivamente, tente usar os conflitos que surgem como oportunidades para ouvir com o coração o que está acontecendo sob a superfície.

Não seja como as pessoas que se deixam inflamar pelos argumentos e perdem o controle, por falta de disciplina para conversar sobre a situação com calma e amor. Você e seu companheiro estão procurando o equilíbrio, tentando fazer com que o outro veja a questão do seu jeito. A comunicação é uma habilidade e você pode aprender a se comunicar com calma, sempre tentando falar com amor na voz. Mantenha o amor vivo. Não ganhe uma discussão às custas de seu relacionamento.

Aprenda a simplesmente deixar passar as pequenas falhas da pessoa amada, as dificuldades e as deficiências. Reveja a Lei 4, que fala do Espaço Seguro. Você e seu companheiro têm idiossincrasias e peculiaridades, mas elas não definem quem vocês são. Aquelas peculiaridades são pequenas quando comparadas com os maravilhosos talentos e potenciais que vocês possuem.

Generosidade de coração

Outra forma de buscar a harmonia no relacionamento é ser generoso de coração, em vez de mesquinho e rancoroso. Quando você incorpora as características da generosidade e da gentileza, pela Lei de Causa e Efeito, encontrará muita gente ao seu redor com perfil generoso e gentil.

A sabedoria antiga ensina: "Com a aridez e o egoísmo, o coração se torna rígido e essa rigidez leva à separação dos outros". Quando aqueles que você ama estão em apuros e você vira as costas, está começando a aridez do amor. Se eles pedem ajuda e você, egoisticamente, nega seu tempo e energia, recusando-se a compartilhar, a aridez aumenta e logo começará a olhar para eles com uma máscara rígida. Essa máscara separa você das pessoas que ama. Quem quer ficar por perto de alguém frio e egoísta?

Rigidez e egoísmo, gentileza e generosidade – cada um deles traz os seus resultados inevitáveis. Isso é especialmente verdadeiro nos relacionamentos, nos quais estamos literalmente "colocados juntos". Quando você está em um relacionamento, unido como se fosse um só, o que faz e sente, como age e reage, afeta os dois, para o bem e para o mal.

Em resumo, a generosidade leva à vida; a mesquinhez, à morte. O amor leva à vida; o ódio, à morte. Na verdade, essa é uma equação realmente muito simples. Nos relacionamentos que não são vívidos existem conflito e tensão contínuos, os parceiros sonegam para o outro a melhor parte de si; estão em processo de morte. Para preservar o que você tem, para manter seu relacionamento vívido e gratificante, dê generosamente – dê seu tempo, seus bens, sua atenção, sua ajuda e seu amor. Doe-se por inteiro.

Ação para a Lei 11

A harmonia fortalece, a desarmonia enfraquece

O poder da generosidade e da gentileza

Da oposição vem a concórdia, pois da discórdia vem a mais bela harmonia.

Heráclito de Éfeso, filósofo pré-socrático (540 a.C.-480 d.C.)

Nossos desacordos, com frequência, podem estar relacionados às necessidades não atendidas ou aos conflitos interiores não resolvidos. Às vezes, nossas verdadeiras necessidades podem estar escondidas sob nossas mágoas. Quando surge uma desarmonia, pode ser uma bênção oculta – é o meio para descobrir e curar a dor escondida sob a superfície. A seguir, apresento três passos simples para você experimentar quando surgir o próximo desacordo no relacionamento. Em vez de reagir na defensiva, quando você ou a pessoa que ama está se sentindo magoado ou triste, tente uma abordagem generosa e gentil.

- Pare.
- Respire fundo algumas vezes.
- Então, simplesmente pergunte ao companheiro o que ele precisa de você.

Às vezes, pode acontecer de seu companheiro não saber a resposta para essa pergunta. Nem sempre a gente sabe o que está nos aborrecendo. Ao se abrir e perguntar: "O que você precisa?", você estará ajudando seu parceiro a descobrir a resposta para essa questão. Estará ajudando a pessoa que você ama a refletir sobre o que realmente está acontecendo dentro dela. Se você agir, de forma generosa e sábia, em vez de responder agressivamente com seu ego, seus desacordos podem se tornar ótimas oportunidades para descobertas.

LEI 12

O RELACIONAMENTO IDEAL SÓ EXISTE QUANDO HÁ CONFIANÇA MÚTUA

Ouse ser sincero: nada merece uma mentira.

George Herbert, poeta, orador e padre inglês (1593-1633)

A confiança é o melhor alicerce sobre o qual você pode construir seu relacionamento. Ela possibilita que você conte a seu companheiro seus medos mais profundos, as maiores vergonhas e os pensamentos mais secretos, sem temer ser mal compreendido. Ela permite que vocês voem livres, cruzando os céus do amor sem ter medo de cair. Sem absoluta confiança, não pode haver um relacionamento de primeira classe. É melhor não ter nenhum do que estar em uma situação de desrespeito e desconfiança, compartilhando uma relação que é menos do que poderia ser.

Uma parábola moderna, de autor anônimo, dá uma lição maravilhosa a respeito de confiança. Um dia, uma garotinha e seu pai foram cruzar uma ponte. Eles haviam caminhado juntos o dia inteiro; começava a escurecer, quando chegaram a uma ponte estreita sobre um rio de águas rápidas. O pai ficou preocupado com a segurança da filha, mas não queria que ela ficasse apavorada. Então, virou-se para ela e disse: "Meu amor, por favor, segure a minha mão, assim não corremos o risco de você cair no rio".

A garotinha respondeu: "Não, papai. Você é que segura a minha mão".

"Que diferença faz?", perguntou o pai confuso.

"Há muita diferença", disse a menina. "Se eu segurar sua mão e alguma coisa acontecer, eu posso me soltar dela. Mas se *você* segurar *minha mão*, tenho certeza absoluta que não importa o que aconteça, você não vai largá-la."

É uma sensação maravilhosa quando a gente pode confiar assim em alguém. É um sentimento de segurança completa saber que pode confiar totalmente naquela pessoa.

A VERDADE E OS RELACIONAMENTOS DE PRIMEIRA CLASSE

Muitos anos são necessários para construir-se a confiança, mas basta um instante para destruí-la. A primeira vez que uma mentira escapa de sua boca ou de seu parceiro ou a primeira vez em que são falsos um com o outro, estão se condenando a um relacionamento de segunda classe.

Confiança é confiança. Isso significa confiança em todos os momentos. Sem segredos, sem distorção dos fatos, sem mentiras e sem conversa fiada (pequenas distorções dos fatos, mas mentiras de qualquer forma). Dizer a verdade também significa não omitir. Precisa existir certeza absoluta de que podem confiar completamente um no outro e nenhum dos dois está escondendo nada. Seja corajoso o bastante para contar tudo ao seu companheiro, sem omitir nada. Você deve reunir forças para enfrentar até seu maior medo.

Há ocasiões em que a própria sobrevivência pode depender da confiança em seu parceiro. As pessoas têm que confiar umas nas outras com a própria vida. É sobre esse tipo de confiança que estou escrevendo – aquela em que a gente deposita a vida. Pode muito bem vir a acontecer momentos difíceis em seu relacionamento, quando você e a pessoa amada têm que ser capazes de confiar totalmente na palavra um do outro. Talvez um de vocês seja acusado por uma terceira pessoa de ter cometido algo que seria um "quebrador de acordo", se verdadeiro. Nesse momento, tem que haver uma confiança tão absoluta para que o acusado possa simplesmente dizer: "Isso não é verdade" e o assunto ser encerrado.

Não se trata de colocar um sorriso no rosto e passar por cima da questão, embora você continue suspeitando que possa haver alguma verdade na acusação. Ter 100% de confiança em seu companheiro quer dizer que você sabe, no mais íntimo do coração, que ele está dizendo a verdade. É esse tipo de segurança e exclusividade nesse sentimento que pode superar quase toda falta que seu parceiro possa cometer. Há milhares de anos, o grande poeta Homero escreveu em seu clássico *A Odisseia*, palavras que ainda são verdadeiras: "Que os céus concedam tudo o que seu coração deseja – amor, morada e um lar feliz e pacífico; porque não há nada melhor nesse mundo do que um homem e uma mulher em união numa casa. Isso incomoda os inimigos e alegra o coração dos amigos" (em tradução livre).

Você e a pessoa amada precisam compreender que cada um é de uma determinada maneira. Os dois precisam acreditar que, quando não estão juntos, cada um vai agir como parte de uma parceria de amor, lealdade e respeito por toda uma vida. Devem ser capazes de confiar que o outro não flertará, sempre se comportará como se estivessem juntos, não dirá nada para alguém que não diria na frente do outro e manterá em mente, acima de tudo, que tem um relacionamento maravilhoso, amoroso, de confiança e permanente. Quando você é parte de um relacionamento, o que faz afeta e reflete em seu companheiro. Os parceiros confiáveis sempre pensam antes de fazer algo que possa afetar a reputação ou o bem-estar do outro.

Quando a confiança desaparece

Quando a confiança desaparece, as implicações são enormes. A perda da crença no companheiro pode ser devastadora e levar facilmente ao fim do relacionamento. No Passages Addiction Cure

Center, algumas pessoas que nos procuram para se recuperar do alcoolismo ou do vício a outras drogas acabaram de descobrir que estavam sendo enganados por seus companheiros. Em geral, quando falam nisso, seus rostos ficam pálidos, ainda em choque. A pergunta que fazem é a seguinte: "Como ele pôde fazer isso para mim?". Não conseguem esquecer aquela terrível decepção. É como se o mundo tivesse desmoronado ao redor delas e, de fato, desmoronou. Construíram um mundo sobre o alicerce da confiança e, de repente, ela desaparece, levando junto o relacionamento.

Todos os planos e detalhes do dia a dia tinham por base aquele relacionamento e a descoberta de que estão sendo traídos pelo companheiro é devastadora. Às vezes, o rompimento acontece depois de muitos anos de casamento e sentem como se aquilo tudo tivesse sido uma mentira, uma ilusão, uma fraude. Uma vez, uma mulher disse: "Sinto como se meu casamento de vinte e cinco anos tivesse sido apenas uma simulação".

Mesmo que o relacionamento não acabe por causa da traição, o alicerce pode ficar arruinado e lidar com os destroços deixados é muito difícil. Quando existem filhos, a situação é duplamente difícil, porque as crianças perdem a confiança e são deixadas à deriva, imaginando em quem ainda podem acreditar. Na maioria dos casos, a desconfiança é insinuada e colocada na cabeça delas e será preciso muito esforço no futuro para reverter esse dano.

No Passages, vi casos de pessoas que descobriram que seu companheiro havia lhes contado uma mentira amena ou algo desse tipo. Talvez um marido ache que não é prejudicial dizer à esposa que trabalhou até mais tarde, quando na verdade estava em um bar com os amigos. Ou talvez a esposa esconda do marido que está usando o dinheiro que economizaram para comprar coisas pessoais. Mesmo nesses casos, vemos o resultado da perda de confiança e como as pessoas ficam abaladas. Elas começam a se perguntar: "Sobre o que mais ele mentiu? O que mais eu não sei? Posso confiar de novo nessa pessoa?". Em muitos casos, a quebra da confiança é o principal motivo para uma pessoa tornar-se viciada em álcool ou em outras drogas.

Existem repercussões mais sutis – ainda assim poderosas – de contar uma mentira ao companheiro. Primeiro, você deve colocar um alerta, uma bandeira vermelha em sua cabeça: daquele dia em diante, deve ser cuidadoso para não esquecer a mentira e acabar dizendo alguma coisa que revele a verdade. Tem que viver a mentira e manter-se alerta para não cair em contradição. Manter uma farsa não é apenas fatigante, mas também cria uma autoimagem negativa que, como já falamos, pode impedi-lo de ter um relacionamento saudável. A consequência dessa decepção constante é que você passará a se ver como um mentiroso, um enganador; e quem você *pensa* que é permeia tudo o que faz. Isso se torna parte de sua autoimagem, que, quando prejudicada, reduz as chances de ter um ótimo relacionamento. É sempre bom lembrar que, para ter um relacionamento de primeira classe, você tem que merecê-lo e, mais do que isso, deve *acreditar* que merece.

Não subestime o poder desse conceito. Sua autoimagem e seu caráter estão entre as ferramentas mais fortes de que dispõe para construir o relacionamento de seus sonhos. Saber que você tem valor e acreditar que merece um ótimo relacionamento são fatores indispensáveis para atingir esse objetivo. Se você acredita que merece um relacionamento de primeira classe, não aceitará nada menos do que isso. Caso seu companheiro não esteja tratando você com o respeito e a consideração que acredita merecer, tomará providências para resolver o comportamento dele e consertar a situação. O que você acredita a respeito de si mesmo lhe dá poder para entrar em ação a seu próprio favor.

Fingir só traz sofrimento

Se você está em um relacionamento e não agiu de forma inteiramente confiável, ainda pode resolver o problema, alertando seu companheiro sobre o comportamento desleal e afirmando a intenção de ser honrado de agora em diante. Talvez você tenha medo de que ele, ao ouvir a verdade, rompa o relacionamento. É uma possibilidade. Porém, o pior é deixá-lo descobrir que você mentiu ou viver com a mentira. Nos dois casos, a confiança se foi e levou junto a chance de ter um ótimo relacionamento.

Uma vez, um amigo admitiu para mim que havia sido desleal com a mulher. Quando lhe sugeri para voltar a ser confiável e contar a ela sobre a infidelidade, ele respondeu: "Ela não vai conseguir lidar com a verdade". O fato é que ele não conseguia lidar com a verdade. Estava com medo das consequências. Temia que sua mulher o deixasse, caso descobrisse que ele havia sido infiel. Eram forçados a viver uma mentira, e continuar um relacionamento no qual já não existia confiança. Como resultado, o relacionamento foi de mal a pior e acabou em divórcio. Como toda falsa ilusão, o fingimento só provoca sofrimento e desesperança.

O que aconteceria se a quebra de confiança em seu parceiro fosse tão severa que o relacionamento não pudesse ser recuperado e você preferisse terminar tudo? Digamos, por exemplo, que descubra que seu companheiro está tendo um caso com um de seus amigos mais próximos. A notícia é devastadora. Você se sente humilhado, magoado, usado e bravo. Seu parceiro quebrou os votos falados ou não falados que vocês fizeram quando entraram no relacionamento e você percebe que não vale a pena amá-lo e confiar nele. Como você reagiria? Primeiro, espere. Nada faça enquanto estiver no calor da raiva ou da mágoa. Como diz o ditado: "Aja com pressa e se arrependerá com toda calma". A paixão e a razão não conseguem conviver. Enquanto a raiva, a luxúria e o ódio consomem você, não conseguirá pensar com clareza. Só quando recuar um pouco e "olhar com calma para si mesmo" com verdadeiro desapego é que poderá pensar racionalmente. Afaste-se um pouco da situação e considere, com cuidado, qual a melhor atitude a tomar. Seus próximos passos provavelmente causarão alterações na vida.

Caso conclua que o comportamento de seu companheiro é um "quebrador de acordo", antes de romper o relacionamento, planeje cuidadosamente. Muita coisa está em jogo aqui e há muitas considerações a fazer, incluindo filhos, finanças, famílias, religião e outros valores importantes para você. Se não há crianças, problemas financeiros ou outras grandes considerações a fazer, é apenas uma questão de avaliar se você quer, ou não, continuar o relacionamento com alguém que não merece sua confiança.

Pode haver um lado positivo para o relacionamento nas adversidades que você está enfrentando e, exatamente por isso, é importante não agir com raiva. Os desafios podem ensinar muito a respeito de seu companheiro e também sobre você mesmo. Ajudam a esclarecer o que é essencial para você em um relacionamento, quais são os "quebradores de acordo", definem e estabelecem as tentativas para atender às necessidades. Os desafios também são um sinal de alerta para o que vocês precisam ajustar em seus próprios caracteres, com o objetivo de preservar o relacionamento e o amor. São os que revelam as falhas no alicerce, para que os pontos fracos sejam reparados, possibilitando uma base mais sólida que durará ao longo dos anos.

Compartilhando as esperanças e os sonhos

A confiança não é automática em um relacionamento. É algo construído ao longo do tempo. No início, pode ser que haja menos confiança porque conhecem pouco um ao outro ou porque ouviram muitas mentiras antes e foram traídos e enganados ou porque a confiança foi destruída várias vezes na vida. É no início do relacionamento que você encara a grandiosa possibilidade de construir uma parceria baseada na perfeita confiança. Esse é o momento de estabelecer o hábito da confiança assim como o costume de se abrir e compartilhar os mais profundos sonhos e esperanças – quem você é e quem quer se tornar.

Fui sutilmente alertado para isso na minha vida. Há cerca de vinte e cinco anos, eu estava em uma fase entre relacionamentos e tinha a expectativa de que aquela pessoa tão desejada aparecesse diante de mim. Na verdade, estava um pouco apreensivo quanto ao fato de a mulher dos meus sonhos surgir diante de mim, porque, quando jovem, enfrentei dificuldades para quebrar o gelo com as garotas e carreguei esse sentimento por muito tempo. Uma noite, sentei na frente da lareira, meditei sobre essa dificuldade e escrevi um texto para expressar o que sentia a respeito de confiança, compromisso e descoberta em um relacionamento.

Anos mais tarde, conheci a mulher que estava esperando encontrar – minha esposa, Lyn. Você já leu em outro capítulo como nos conhecemos. Depois que deixei Kauai, Lyn e eu nos comunicamos por telefone e e-mail durante meses. Em determinado momento, senti vontade de enviar a Lyn, por e-mail, o que eu havia escrito naquela noite diante da lareira. Tinha a expectativa de conseguir transmitir a ela quem eu era. Eu compartilho o texto com você agora, porque ele é verdadeiro para todos os primeiros encontros. Trata-se também da possibilidade de você revelar, em qualquer etapa de seu relacionamento, todas as esperanças, medos e sonhos que trouxe para a nova parceria.

O texto se chama "Fora do contexto" e fala sobre a preparação para encontrar alguém pela primeira vez, alguém que você considera que será "Aquela Pessoa".

Fora do contexto

> *Estamos para nos encontrar, você e eu, meu novo amor, e tenho medo de falar – medo de não ser capaz de me expressar porque o que quer que eu diga será "fora do contexto". E como poderia ser de outro jeito? Você realmente não me conhece e não vivenciou a jornada da minha vida – minhas esperanças, meus medos e o que tenho dentro de mim, meu amor: as ideias que eu venero e o material de que sou feito. Você realmente não sabe nada sobre meus triunfos e meus fracassos, minhas alegrias e decepções, as vezes em que me ergui para superar obstáculos que pareciam intransponíveis e as vezes que fui derrotado por eles.*
>
> *Você não conhece a tenacidade de meu espírito. Não sabe que eu posso persistir até o fim da mais longa jornada. Ignora que eu posso ajudar você a despertar sua consciência para que se torne a melhor mulher possível, a mulher que sempre lutou para se tornar, a mulher que você deseja que o mundo, ou pelo menos eu, conheça.*
>
> *As palavras que eu uso podem ter para você significados diferentes do que pretendo. Pode ser que você não ouça o significado verdadeiro delas, o significado mais profundo do qual minha alma está falando. Se eu falo em confiança, talvez você não entenda que isso significa arriscar a vida por essa confiança. Se eu falo em coragem, talvez você não saiba que isso significa "triunfar diante do maior perigo possível". A matéria do Universo atravessa meu coração, corre em minhas veias e flutua em minha mente, exatamente como faz na sua.*
>
> *Assim, espero que seja paciente comigo enquanto seu interior sensível começa a compreender as mais profundas correntezas do meu ser e a faça aguardar enquanto eu me revelo. Eu posso ser ótimo, arrojado, corajoso, terno, carinhoso, intuitivo. Posso falar palavras de sabedoria colhidas nos campos, nas montanhas, cidades, quartos e salas de conferência onde eu encontrei e superei meus medos e suportei minhas provações.*

Posso acariciar os mais macios tecidos de seu corpo, fazendo-os vibrar em êxtase ao serem tocados por alguém que entende sua alma. Posso lhe revelar os segredos de seu coração e elevar seu espírito a mais magnífica das alturas.

Tantas mulheres já passaram por mim, vendo apenas com os olhos, para tentar ver se eu era quem elas buscavam, sem saber que aquela pessoa pela qual se interessariam só pode ser percebida com o coração e a mente depois de uma longa jornada ao meu lado. Somos duas pessoas que se encontram nas praias de nossas almas, cada uma esperando que a outra perceba os continentes que existem dentro de nós.

Portanto, venha, meu novo amor, permita que partilhemos o que cada um de nós é. Veja, estou aqui, caminhando em sua direção, porém, "fora do contexto". Nós nos encontramos, paramos, olhamos e hesitamos. Agora, reúno toda minha coragem e falo com você, esperando que compreenda... "Olá."

Alguns meses depois, Lyn e eu estávamos casados. Na cerimônia, ela me pediu para ler esse texto diante dos convidados. Nós dois iniciamos nossa longa jornada lado a lado, repletos de confiança, repletos de amor e seguros um no outro.

O exercício de escrever esse texto há tantos anos ajudou a expressar o que estava em meu coração. Foi importante para articular e esclarecer minhas esperanças e sonhos, ser honesto comigo mesmo e, mais importante do que tudo, ser honesto e franco com minha futura esposa.

Ação para a Lei 12

O relacionamento ideal só existe quando há confiança mútua

O poder da verdade e da confiança

Nada é pior para a amizade do que perceber que o outro está sendo falso; isso atinge a raiz da nossa confiança para sempre.

William Hazlitt, escritor inglês (1778-1830)

Os relacionamentos de primeira classe só são possíveis em uma atmosfera de total confiança. Confiar, como definem os dicionários, é acreditar em alguém e permitir que essa pessoa cuide de nós. Como a confiança se aplica ao relacionamento, além da necessidade de se manter fiel? Aqui estão algumas perguntas para ajudá-lo a refletir sobre a confiança e como se tornar mais honesto.

- Eu sou honesto? Meu companheiro pode confiar em mim, tendo a certeza de que farei o que estou falando?
- Sou sincero com meu parceiro? Eu realmente conto a verdade e não escondo fatos?
- Meu companheiro pode ter a certeza de que lhe oferecerei apoio incondicional – físico, mental, emocional e até espiritual – em todas as circunstâncias?
- Meu parceiro pode confiar que eu estarei aberto a tudo que me contar, e não julgarei, darei risada ou farei pouco caso de suas preocupações, medos e sentimentos mais íntimos?
- Da mesma forma, sou sincero e aberto sobre como me sinto, sem esconder minhas dúvidas, medos ou sentimentos do meu parceiro?
- Quando meu companheiro não está por perto, costumo falar dele demonstrando apoio e compreensão e nunca com críticas e depreciação?
- Vejo a mim e ao meu parceiro como uma equipe, nunca tomando uma atitude ou falando algo que possa afetar o bem-estar e a reputação dele ou que abale o desenvolvimento de seu potencial?
- O que posso fazer para aumentar a confiança que meu companheiro deposita em mim?

LEI 13

TODA AÇÃO PRODUZ UMA REAÇÃO EM SINTONIA EXATA COM ELA

Só existe uma constante, aquela que é universal. Esta é a única verdade: Causalidade. Ação, reação. Causa e efeito.

Merovingian, no filme Matrix reloaded

Em todo momento, quando interage com os outros, você cria efeitos. Portanto, sempre que você está com a pessoa amada, gera efeitos no relacionamento. Como resultado direto das interações, seu relacionamento pode estar florescendo ou se desintegrando. É assim que funciona a Lei da Causa e Efeito e ela é infalível. Como afirmou o filósofo, escritor e poeta estadunidense Ralph Waldo Emerson: "Causa e efeito são os dois lados de um fato". Quando você compreender melhor a Lei da Causa e Efeito, ela se tornará uma ótima ferramenta de aprimoramento de seu relacionamento.

A Lei Metafísica (além da Física) da Causa e Efeito estabelece que toda ação produz uma reação que está em sintonia exata com a ação que a causou (por favor, não ache que essa é a mesma Lei da Física de Causa e Efeito, que define que toda ação produz uma reação igual e oposta). A Lei Metafísica da Causa e Efeito acontece a todo momento ao nosso redor. Uma pessoa alegre e outra desanimada chegaram aos respectivos estados mentais como resultado direto de sua conduta anterior. Se você vive bravo, terá poucos amigos, será difícil chegar ao sucesso nos negócios e a possibilidade de ter um relacionamento – mesmo que seja de segunda classe – é quase inexistente. Se, por outro lado, você é alegre, generoso e paciente, viverá em um mundo bem diferente e colherá os frutos de seu coração aberto.

O CICLO DE REALIMENTAÇÃO

Na verdade, você vem lendo sobre a Lei de Causa e Efeito ao longo de todo o livro, enquanto descobria como viver em sintonia com cada uma das Leis do Amor para trazer resultados positivos para seu relacionamento – e como não viver em sintonia com elas pode criar dificuldades e separar você da pessoa que ama. Uma maneira importante para você ficar harmonizado com as causas que movimentam seu relacionamento é começar a ver o mundo em que vive, o mundo da causa e efeito, como dinâmico, no sentido mais profundo da palavra. Ser dinâmico é estar ativo, mutante, cheio de energia e propósito e fazer progresso. Essa evolução ocorre porque há um ciclo contínuo de realimentação entre você e o Universo – *porque o Universo está continuamente consciente e totalmente atento a você.*

É de extrema importância que você se agarre a esse conceito e suas implicações se pretende compreender integralmente e trabalhar com a Lei da Causa e Efeito para criar um relacionamento feliz e gratificante. Atualmente, a equação mais famosa do mundo é a de Albert Einstein: $E = mc^2$. Isso quer dizer que **E** (energia) é igual à **m** (massa) multiplicado pelo quadrado de **c** (a velocidade da luz). De fato, essa equação revela que a *energia* e a *matéria física* do Universo, incluindo você e eu, são diferentes formas da mesma coisa. Não apenas isso é verdade, como você é parte da mesma energia que compõe o Universo inteiro. Em outras palavras, *você é* o Universo – uma parte inseparável dele.

A palavra *Universo* é composta por duas expressões latinas: *uni* (um) e *versus* (derivado da mesma raiz de reverter). Literalmente, isso pode ser entendido como o "um que se reverte". Você pode pensar no "um" como um vasto corpo de energia consciente que se reverte (se transforma) na abundância de coisas que compõem o Universo, incluindo você. Não é muito diferente da crença comum da maioria das religiões (talvez de todas), que propõe que no início houve um ser supremo, um Deus (que é chamado por milhares de nomes), que criou os céus e a terra. É por isso que eu uso com inicial maiúscula a palavra *Universo*.

Eu acredito que não apenas nós somos parte do Universo, mas que compartilhamos sua consciência. Nossa consciência é parte da consciência Universal. É como uma lâmpada: quando você enrosca a lâmpada no soquete, ela começa a compartilhar a eletricidade que está percorrendo todo o circuito de fios. A eletricidade não se origina na lâmpada, assim como sua consciência não se origina em seu cérebro. Você compartilha toda a consciência que existe no Universo. O Universo sabe tudo que é preciso saber a seu respeito e ama você completamente – porque *você é ele*.

Apresento, a seguir, a próxima parte da informação que o ajudará a entender como a consciência do Universo funciona e que o apoiará na realização das mudanças vitalmente importantes para construir um relacionamento. Já que você é parte do Universo, pode se comunicar com ele e ele com você. Como? Você fala com o Universo com palavras, pensamentos e ações e o Universo fala com você com os eventos.

Os eventos são a linguagem do Universo. Um exemplo de evento é o que nós chamamos de coincidência, embora não exista isso para o Universo. Um encontro "por acaso" não é na verdade aleatório, mas foi previamente modelado. Todo evento é uma comunicação Universal.

O Universo coloca os eventos em sua vida para guiá-lo, instruí-lo e também para deter o curso da ação que não seria o mais adequado para que possa aprender, crescer e tornar-se um perfeito ser humano. Assim, quando as coisas vão indo bem ou mal no relacionamento, você está, na verdade, recebendo uma comunicação do Universo, uma resposta para suas ações que lhe dão um *feedback* – a nova informação de que necessita para ver claramente os resultados de seus pensamentos, atitudes, comportamentos e ações.

Talvez essa comunicação venha pelas palavras ou comportamentos do companheiro ou por outras pessoas e situações que surjam em sua vida. Ao aprender a ler e interpretar esses eventos, você obtém informações valiosas para colocá-lo de novo na trilha de um relacionamento duradouro, caso faça os ajustes que está sendo convidado a realizar.

Outra chave para compreender a Lei da Causa e Efeito, uma que pode realmente mudar sua vida, é a seguinte: reconhecendo que o Universo se comunica com você pelos eventos e circunstâncias – com apenas um pequeno sorriso sábio, um balançar de cabeça ou um sinal de positivo com o polegar –, o Universo se torna consciente de que está em sintonia com ele e, dessa forma, eleva o nível da comunicação. Quando isso acontece, você consegue fazer progresso mais depressa. Estar atento ao fato de o Universo estar constantemente se comunicando com você é viver de uma maneira que se pode considerar mágica e que lhe trará recompensas cada vez melhores.

Reconhecendo as sementes

Aprender a detectar as informações que chegam até você, de forma direta ou sutil, tem valor inestimável nos relacionamentos. Muito antes de uma avalanche vir montanha abaixo, diminutas e imperceptíveis mudanças vão acontecendo no terreno. Os bons e os maus acontecimentos têm início muito antes de se tornarem evidentes. O mesmo é verdadeiro nos nossos relacionamentos. É importante saber reconhecer as sementes.

Você sempre sente quando as coisas não vão indo bem em seu relacionamento. Você já observou um animal selvagem – ou viu em algum filme – que sente o perigo? Ele fica absolutamente parado, cabeça erguida, orelhas atentas para detectar de onde virá a ameaça. Você deve agir da mesma forma em seu relacionamento.

Fique alerta às mudanças sutis nos ventos e tome uma atitude para prevenir que o relacionamento saia dos trilhos. Um pouco de ponderação quando perceber pela primeira vez alguma mudança no curso

do relacionamento pode ser uma grande bênção. Esse é o momento em que pequenos esforços podem trazer ótimas recompensas.
Diferente dos relacionamentos formais, nos quais os direitos e deveres dos participantes estão estabelecidos em documentos por escrito, as relações amorosas dependem da consideração e da ponderação dos parceiros e do afeto que sentem um pelo outro. Nas relações pessoais, o afeto e a consideração são os principais ingredientes. Cada gesto de gentileza mostra para a pessoa amada que você a aprecia e valoriza.
Quando falhamos ao tratar nosso companheiro com a mais básica gentileza, as oportunidades de demonstrar nosso amor e construir o alicerce de um relacionamento magnífico escapam pelo vão de nossos dedos. O poeta norte-americano Stephen Vincent Benét expressou-se assim (em tradução livre):

Não se perde a vida ao morrer! A vida é perdida
Minuto a minuto nos dias que se arrastam sem fim
Naqueles milhares de pequenos gestos de desamor.

Ação para a Lei 13

Toda ação produz uma reação em sintonia exata com ela

O poder dos pequenos gestos de gentileza

O que e como você será no futuro depende do que você faz agora

.

Daisaku Ikeda, filósofo, escritor, poeta e líder budista japonês (1928-)

Uma maneira de começar a trabalhar conscientemente com a Lei da Causa e Efeito é fazer uma lista das coisas que você sabe que deixarão seu companheiro feliz. A cada dia, acrescente uma dessas coisas em sua lista de tarefas e faça. Não é preciso fazer nada grande. Às vezes, os pequenos gestos de gentileza tocam mais o coração da outra pessoa. E não encare isso como uma tarefa obrigatória. Pense como se fosse uma prioridade para manter o amor e o relacionamento vívidos. Ao fazer pelo menos uma coisa especial por dia para seu parceiro, dedicando tempo para deixar feliz quem você mais ama, estará plantando as sementes que se tornarão frutos.

A seguir, apresento uma lista com algumas ideias para ajudá-lo a fazer a relação de tarefas para deixar seu companheiro mais feliz. Não são necessariamente novidades e você, com certeza, tem muito mais condições de imaginar coisas sob medida para as necessidades e a personalidade de seu parceiro. Fiz essa lista apenas para mostrar que não é difícil encontrar uma coisa por dia para fazer feliz aquela pessoa que você mais ama. Reveja sua lista com frequência e acrescente novos itens.

- Faça elogios. Isso é muito importante.
- Reconheça ações atenciosas.
- Lembre-se das datas especiais.
- Seja prestativo sempre que se apresentar uma oportunidade.
- Encontre formas para melhorar o ambiente em que vivem.

- Faça algo inesperado que deixe seu companheiro feliz.
- Massageie os pés, as costas, a cabeça ou coce as costas de seu parceiro regularmente.
- Ajude a realizar as tarefas que normalmente ficam por conta de seu companheiro.
- Dê apoio.
- Seja um bom ouvinte e saiba quando permanecer em silêncio.
- Não insista sempre em fazer as coisas do seu jeito.
- Dê presentes, mesmo que seja algo pequeno, como seu petisco ou doce predileto, uma flor, um CD, um DVD para assistirem juntos, uma luva para esfoliação no banho, um livro sobre um assunto de interesse dele, um bilhete no travesseiro, uma sugestão de passeio ou uma noite de cinema, um pequeno poema que você escreveu, um pacote de incenso, um porta-retrato com uma foto de vocês juntos ou dos pais, irmãos e amigos.
- E, além disso, ser alegre e otimista o máximo que puder é um dos maiores presentes que você pode dar a todo mundo.

Lei 14

Você é o autor de cada novo momento

Como vou viver hoje para criar o amanhã que desejo?

Anthony Robbins, escritor e palestrante americano (1960-)

Agora que você compreende a Lei da Causa e Efeito, existe mais uma peça em jogo para ajudá-lo a criar uma sólida filosofia pessoal e usar as Leis do Amor aqui apresentadas para conquistar o relacionamento ideal. É a seguinte: *você é o autor de cada novo momento de sua vida.* Você está no controle de como agir e reagir em cada determinado momento. Na verdade, você é muito mais poderoso do que imagina porque é o centro de seu Universo pessoal.

Talvez você não costume pensar em você como *o centro do Universo* e, muito provavelmente, não o é. No entanto, existe um universo no qual você é o protagonista e o centro. Eu o chamo de "seu Universo pessoal". É aquela parte do Universo que o afeta pessoalmente e que você afeta de forma direta.

Toda vez que você fala ou age, afeta tudo em seu Universo pessoal. Se você dá ajuda para alguém e anos depois aquela pessoa lhe faz um favor, você afetou o seu Universo pessoal e foi afetado por ele. Se você machuca seu companheiro, física, emocional ou espiritualmente, e ele reage fechando-se afetivamente ou ficando bravo, você está vivenciando os efeitos das causas que colocou em movimento em seu Universo pessoal. Tudo o que você percebe ouvindo, vendo, tocando, cheirando ou saboreando chega a você por seu Universo pessoal. Você é o centro do comando, recebendo informações e tomando atitudes.

O seu Universo pessoal existe *somente* porque você existe. Se você não existisse, também não haveria o seu Universo. Nesse Universo, *você é* o centro. Ser o centro de seu Universo pessoal é mais do que estar *no* centro. Caso você estivesse apenas no centro, quando se movesse, estaria fora dele. *Ser o centro* significa que, quando você se move, o centro o acompanha.

Somente quando estiver completamente alerta para o fato de ser o centro de seu Universo pessoal – criando e influenciando tudo ao seu redor por ser como é, em cada momento – você poderá entender a importância de cada pensamento e ação, pois isso cria ou destrói o seu relacionamento gratificante.

VOCÊ É CAPAZ DE ATINGIR SUAS METAS

O conceito de que você está criando seu relacionamento, momento a momento, pode exigir um pouco de prática, mas o esforço será recompensado com ótimos dividendos. Se é difícil imaginar-se como o centro de seu Universo pessoal, pense nisso da seguinte forma: imagine que sua vida é um filme e você foi contratado para fazer o papel do herói. Pare um pouco para pensar sobre o ano passado ou até mesmo sobre o mês passado. Você foi um bom herói? Você tem sido aquele tipo de pessoa que os outros admiram e querem se parecer? Você tem sido o tipo de pessoa capaz de atrair o amor e a devoção daquela pessoa com quem gostaria de compartilhar a vida?

Adivinhe quem é o diretor desse filme? Quem é o produtor? Quem é o ator principal? Quem é o roteirista? Caso não aprecie o roteiro ou a direção que a história está tomando, quem tem o poder para mudar isso? Você tem, porque é o autor de cada novo momento de sua vida.

Enquanto leu este livro e aprendeu sobre as Leis do Amor, provavelmente identificou algumas mudanças que gostaria de fazer. Mesmo que a missão lhe pareça desafiadora, não fique parado. Você não pode cultivar um grande terreno de uma vez só. Tem que ir semeando fileira por fileira até que, inevitavelmente, todo o campo esteja cultivado.

É assustador contemplar a escalada completa de uma grande montanha. No entanto, um passo montanha acima é fácil de dar. Então, dê os passos seguintes até que seu objetivo tenha sido alcançado. Da mesma forma, é difícil visualizar o trabalho de um ano de mudanças ou um projeto completo desde o início. Mas, se você dividir o ano ou o projeto em meses, em dias e, depois, em horas, você será capaz de visualizar seu objetivo. Saiba que não interessa o que tenha acontecido antes, não importam as circunstâncias atuais, quaisquer que sejam seus sonhos de vida e de relacionamento, você está equipado e é completamente capaz de atingir suas metas e desejos – um passo de cada vez.

Ação para a Lei 14

Você é o autor de cada novo momento

O poder do próximo passo

Quando alguém avança com confiança na direção de seus sonhos e se esforça para viver o que imaginou, o dia a dia lhe trará um sucesso inesperado.

Henry David Thoreau, autor, poeta e naturalista estadunidense (1817-1862)

Quando você começa a praticar as Leis do Amor não deve ficar muito preocupado com o resultado. Tudo que é preciso é começar. Comece com ações pequenas e fáceis de lidar, um passo de cada vez. Lembre-se de que o Universo está sempre atento a você e responderá conforme for seguindo adiante em sua jornada. Cada pequena mudança positiva que fizer afetará seu companheiro e melhorará o relacionamento.

- Dê atenção a uma Lei do Amor de cada vez. Releia o capítulo da Lei que vai praticar e veja as sugestões de ação e os passos que se seguem. Pense como se aplica ao seu relacionamento específico ou àquele que você deseja conquistar.

- Identifique uma ação que pode adotar para praticar a Lei e obter resultados positivos.

- Assim que sentir que entendeu como essa Lei funciona e começar a ver os resultados em sua vida, você pode adotar novas ações ou começar a praticar a próxima Lei do Amor.

Conforme for praticando cada Lei, passará a perceber os eventos que acontecem com você e com seu companheiro de um modo diferente. Enxergar dessa nova maneira o levará a responder com um novo comportamento. E, como consequência de uma lei natural, a Lei da Causa e Efeito, você *criará* novos resultados em sua vida.

Isso não quer dizer que você não enfrentará mais desafios em sua vida. Mas, mesmo nas situações mais difíceis de seu relacionamento, será confiante em você mesmo e no futuro, porque conta com as ferramentas necessárias – saberá como aplicar as Leis do Amor. Tudo que é necessário para alcançar o sucesso, um enorme sucesso, é ter a determinação para buscar suas metas, cultivar a persistência como um traço definitivo de caráter e seguir a jornada das Leis do Amor.

CONCLUSÃO

As Leis do Amor são infalíveis, imutáveis e eternas. Você pode confiar nelas. Acredite no que leu. Ofereça o melhor de você, sem esconder nada. Dedique todo seu ser à vida e ao amor. Você é um ser dourado em um Universo infinito, destinado a estar aqui, nesse momento mágico, bem a tempo de conquistar o relacionamento de seus sonhos – e ainda mais.

Desejo a você momentos maravilhosos e preciosos com abundância de amor.

Este livro foi impresso pela Assahí Gráfica em papel offset 75g.